Hermann Wilhelm

»Die Trambahn ist für jeden da!«

Münchner Alltagsgeschichten im Spiegel der ›Tram‹

Ein literarisches Münchner Trambahnbuch
mit fünfzig Trambahngeschichten
von 1876 bis 1970

2001

Buchendorfer Verlag

Der Millionär hat ein Auto;
der Künstler fährt in der Elektrischen.
Die Autos sind sehr langsam; die Elektrische ist flink;
das ist der soziale Ausgleich.

Alexander Roda-Roda

Die Deutsche Bibliothek – CIP-Einheitsaufnahme

»Die Trambahn ist für jeden da!« : Münchner Alltagsgeschichte im Spiegel der »Tram« ; ein literarisches Münchner Trambahnbuch ; mit fünfzig Trambahngeschichten ; von 1876 bis 1970 / Hermann Wilhelm. – München : Buchendorfer Verl., 2001
ISBN 3-934036-60-0

Umschlaggestaltung: Caroline Saupe, München
Satz + Repro: Design-Typo-Print GmbH
Druck + Bindung: Bosch Druck, Landshut
Printed in Germany

ISBN 3-934036-60-0

Inhalt

Vorwort des Herausgebers

Die erste Pferdebahn

Noch ist sich die Münchner Stadtspitze unschlüssig, ob sie dem Experiment wirklich zustimmen soll. Denn viele Bürger prognostizieren ein Verkehrschaos auf Münchens Straßen und einen dramatischen Anstieg von Unfällen auf Grund der hohen Transportgeschwindigkeit. Und dann kommt dazu auch noch das finanzielle Risiko. Denn die Mehrheit der Münchner glaubt über genügend Zeit zu verfügen, um auf ein so schnelles und damit gefährliches Verkehrsmittel verzichten zu können. Da läßt man als Magistratsrat oder Gemeindebevollmächtigter dann doch besser die Finger davon.

Ein belgischer Industrieller namens Eduard Otlet aber, ein international agierender Geschäftsmann aus Brüssel, ist vom Erfolg seines Projekts überzeugt. Nach längeren Verhandlungen stimmt die Stadt München am 23.6.1876 per Vertrag trotz vieler Bedenken den Plänen Otlets zu. Dem Bau der ersten Pferdebahn steht nichts mehr im Wege.

Nur vier Monate später, am 21. Oktober 1876 ist es dann so weit, die erste Linie der »Münchner Tramway Ed. Otlet« wird eröffnet. Vom Promenadenplatz zur Nymphenburger Straße geht die

Vorläufer der späteren Pferdebahn vor dem Münchner Zentralbahnhof. Holzschnitt von R. Bong, um 1875

Ringlinie der »Münchener Trambahn«

Fahrt. Fünf Meter lang sind die neuen weißblauen Trambahnwagen, im Gegensatz zur späteren »Elektrischen« mit bequem gepolsterten Sitzen ausgestattet. Kinder unter drei Jahren fahren umsonst, Petroleum-Lampen dienen als Beleuchtung. Die »Münchner Neuesten Nachrichten«, Vorläufer der heutigen Süddeutschen Zeitung, berichten über dieses Ereignis, an der zahlreiche Münchner Prominente, darunter auch Bürgermeister Erhardt und der »Königliche Polizeidirektor Baron von Feilitzsch«, teilnehmen:

»Es rollten sieben mit sehr hübschen mutigen Pferden bespannte elegante Waggons heran, Signalpfeifen der sechs in blaue Uniform gekleideten Conducteurs ertönten, und die Fahrt begann.«

Überraschender Weise ist die erste Pferdebahn, was den Zeittakt anbetrifft, fast schon attraktiver als so manche »Verdrußlinie« des heutigen »öffentlichen Nahverkehrs«. Denn außer mittags und abends verkehrt die Pferdebahn im Fünf-Minuten-Takt. Und die restliche Zeit zwischen halb acht und 21 Uhr 30 fährt die Bahn immerhin auch noch alle zehn Minuten. In den »Erinnerungen einer alten Münchnerin« aus dem Jahre 1927 wird der Stimmungsumschwung zugunsten der Tram deutlich:

»1876 erstand die erste Pferdebahn. Es war ein kleines Wägelchen, mit einem Pferd bespannt, das hübsch gemächlich dahintrottete. Mein Mann und viele Münchner Bürger prophezeiten dem Unternehmen keine gute Zukunft. Allgemein meinte man damals, die Münchener hätten zuviel Zeit, die hätten keine Eile und würden die Fahrgelegenheit wohl wenig benützen. Es kam anders. Eine Linie nach der andern wurde eröffnet. Alle die vielen Einwände, man könne nicht durch die schmalen Straßen, wie Theatiner- und Weinstraße, und erst recht nicht durch die Rosengasse, fahren, wurden widerlegt.« (1)

Karikaturen zum Tarifstreit 1903

Schon am ersten Tag benutzen zum Erstaunen aller mehr als 5000 Fahrgäste die Otlet'sche Pferdebahn. Weit mehr, als die Betreiberfirma erwartete. Alsbald werden weitere Linien eingerichtet. Zwischen Stiglmaierplatz und Sendlinger-Tor-Platz, zwischen Hauptbahnhof und Zweibrückenstraße sowie Bahnhof und Schwabing verkehren nur ein Jahr später ebenfalls die Wagen der neuen »Tram«.

Auf Grund dieses Erfolges wird 1878 in Brüssel unter Führung von Eduard Otlet die »Société anonym des Tramways de Munich« gegründet. Und die Gesellschaft arbeitet von Anfang an mit gutem Gewinn. In den Jahren 1878 bis 1882 werden im Schnitt rund 290.000 Mark erwirtschaftet.

Doch inzwischen haben auch die Münchner Stadtväter den erstaunlichen Erfolg des neuen Unternehmens registriert. So beschließt man, das Trambahnsystem unter einheimische Regie zu nehmen. Am 27. Juli 1882 gründet man unter Beteiligung des Bankiers Baron von Finck die »Münchener Trambahn-Aktien-Gesellschaft«, deren Chef ein italienischer Geschäftsmann mit dem klangvollen Namen Graf Herkules Graziadei wird. Nur drei Tage später geht der Besitz der Otlet'schen Gesellschaft in die neue Aktiengesellschaft über.

Die »Elektrische« kommt

Nach einigen technischen Experimenten – unter anderem verkehrt 1883 auch eine erste, mit schwefelfreiem Koks beheizte, Dampfstraßenbahn mit einer Geschwindigkeit von sage und schreibe acht Kilometern pro Stunde zwischen Stiglmaierplatz und dem Volksgarten in Nymphenburg – wird 1895 auch in München die »elektrische« Straßenbahn eingeführt. Am 23. Juni fährt diese erstmals zum Erstaunen des verblüfften Publikums vom Färbergraben zum Isartalbahnhof. Alsbald dienen die alten Wagen der Pferdebahn, die am 15.8.1900 endgültig ihren Betrieb einstellt, nur noch als Anhänger. Der Ruhm aber, die wirklich erste »Elektrische« in München eingesetzt zu haben, gebührt eigentlich dem Ingenieur und Unternehmer August Ungerer. Denn unter seiner Regie verkehrt schon 1886 eine strombetriebene Bahn als Verbindungslinie vom später Feilitzschplatz genannten Areal zum damals weit außerhalb der Stadt gelegenen »Schwabinger Würmbad«, dem heutigen »Ungerer-Bad«.

Im Jahre 1900 ist fast das gesamte Stadtgebiet für den Betrieb der »Elektrischen« ausgebaut. Ausgenommen ist für einige Zeit allerdings der Bereich rund um die Residenz. Denn dort sind die Trambahnen gezwungen, ihren Strom aus sogenannten »Akkumulatoren« zu beziehen, da sich Prinzregent Luitpold vehement gegen die »Verschandelung der Luft« und gegen eventuelle Gefährdungen durch von den Oberleitungen erzeugten Strahlenschäden wehrt. Auch bei den einschlägigen prunkvollen Paraden auf dem Odeonsplatz bestand für die Reiter der Kavallerie die Gefahr, mit senkrecht erhobener Lanze an die Oberleitungen und damit in Lebensgefahr zu geraten.

Im Münchner Rathaus allerdings sieht man dies trotz der Proteste auch zahlreicher Münchner Künstler, die unter anderem mit Franz von Lenbach gegen den »Drahtverhau« protestieren, inzwischen deutlich pragmatischer. So wird in einer erregten Debatte kurz und bündig vorgetragen:

»Wenn die Oberleitungsdrähte als unschön empfunden werden, dann muß man doch sagen, daß der Pferdemist auf den Straßen auch nicht gerade zur Verschönerung der Stadt beiträgt.«

Die Akkumulatoren aber erweisen sich bald als untauglich und werden auch im Bereich der Residenz wieder abgeschafft. Denn aus den Batterien ausströmende Säuredämpfe belästigen und vertreiben die Fahrgäste. Die »Stangerltrambahn« hatte sich somit entgegen aller Bedenken und Einwände durchgesetzt. Und dies auch trotz zum Teil bizarrer Unfälle.

So sind die Plattformen der ersten »Triebwagen« in den Anfangsjahren noch »offen« und damit die Passagiere vor schlechtem Wetter völlig ungeschützt. Bei Regen spannen die dort stehenden

Umschalten auf »Akku-Betrieb zwischen Odeonsplatz und Schillerdenkmal 1900–1906« aufgrund des »Verbots von Oberleitungen durch das Königspaar in der Briennerstraße«

Fahrgäste einfach ihre Schirme auf. Dabei kommt 1896 ein unvorsichtiger Fahrgast mit dem nassen Schirm an einen der zahlreichen elektrischen Schalter. Zum Entsetzen aller explodiert der Schirm förmlich. Der Fahrgast selbst aber bleibt wie durch ein Wunder unverletzt. Nun erst werden die Plattformen mit imprägnierten Vorhängen ausgestattet.

Kipploren mit Sitzbänken

Im Ersten Weltkrieg wird der ohnehin nur notdürftig funktionierende Straßenbahnverkehr vor allem von Frauen aufrechterhalten. Am 2. Oktober 1915 werden erstmals in der Geschichte der Tram »weibliche Personen« zum Fahrverkehr eingestellt. Sie sollen die an die Front abgezogenen Männer ersetzen.

Doch mit der Zeit zeigen sich auch bei der Tram die dramatischen Auswirkungen des Krieges.

Nicht nur die einfachsten und notwendigsten Güter wie Lebens- und Heizmittel werden mit der Zeit immer knapper, sondern auch die Zahl der vom Fronteinsatz zurückkehrenden Verwundeten und Schwerverletzten steigt drastisch an. Zwölf Straßenbahnzüge, zum Teil mit Tragbahren ausgestattet, sind nun ausschließlich für den Transport von Verwundeten im Stadtgebiet unterwegs. Auf provisorisch installierten Notgleisen rollen die Verwundetenzüge zu den jeweiligen Lazaretten.

Nach dem Krieg macht die sich immer schneller entwickelnde Inflation auch bei den Verkehrsbetrieben ein sinnvolles Wirtschaften nahezu unmöglich. So kostet auf dem Höhepunkt der Inflation im November 1923 eine simple Fahrkarte sage und schreibe 250 Milliarden Mark. Zur selben Zeit beträgt das Gehalt eines Straßenbahnfahrers die nicht mehr zu begreifende astronomische Summe von 50.290.000.000.000 Papiermark.

Aber auch ganz profane Trambahn-Probleme beschäftigen die Menschen zu jener Zeit. So ist den Fahrgästen noch immer das »Mitführen von Tieren« untersagt. Doch die Münchner Hundebesitzer wollen auch in der Tram auf ihre »Viecherl« nicht verzichten. So kommt es immer wieder zu Beschwerden und kleineren Protestaktionen. Erst 1928 aber findet dann die entscheidende Protestdemonstration gegen das Hunde-Verbot statt. Über 6000 Münchner schließen sich dieser, am Ende erfolgreichen, »Zamperl-Demonstration« an.

Nach 1933 macht dann die Politisierung des Alltags auch vor der Trambahn nicht halt. Vor den diversen »Volksabstimmungen« und »Wahlen« fungiert auch die Münchner Tram als Werbeträger für »Führer« und »Reichskanzler« und transportiert die einschlägigen Werbe-Plakate für Hitler durch die Stadt. Alsbald ist per Gesetz neben dem Verbot der Benutzung von Parkbänken im Englischen Garten oder des Besuches des Tierparks Hellabrunn, »Juden« auch die Benutzung von Straßenbahnen nicht mehr gestattet. Wer es etwas weiter zu seinem Arbeitsplatz hat, ist so gezwungen, – durch das Tragen des Judensterns noch zusätzlich diskriminiert – stundenlang durch die Stadt zu laufen.

Als sich das Nazi-Regime endlich seinem Ende nähert, ist auch von der Münchner Tram nicht mehr viel übrig. Die großen Bombenangriffe 1943 und 1944 zerstören zahlreiche Betriebshöfe und Werkanlagen, Stromleitungen und Schienen sind kaum noch zu benützen.

»Schließlich ging man dazu über, Kleinbahn-Behelfsstrecken einzurichten. Baufirmen stellten zweiachsige Kipploren, die nach Entfernung des Aufbaues mit Sitzbänken versehen und überdacht wurden, sowie Lokomotiven, schmalspurige Feldbahngleise und das Bedienungspersonal zur Verfügung. Auf den langen, gerade verlaufenden Strecken wurden sogar Vollbahnlokomotiven und -wagen der Reichsbahn eingesetzt.« (2)

Ständig überfüllt

Schon wenige Monate nach Kriegsende entwickelt sich die Tram trotz zahlloser Widrigkeiten zum wichtigsten Verkehrsmittel der Stadt.

»Die Münchner Straßenbahnen, für die Masse der Bevölkerung das einzige Verkehrsmittel, werden Tag für Tag von solchen Menschenmassen frequentiert, daß sie ständig überfüllt sind. Manch einer spielt mit seinem Leben, indem er sich auf die Puffer

Eisenbahnwagen als Trambahnersatz vor dem Siegestor, Herbst 1945. Aufnahme von Walter Bernard Francé

der fahrenden Tram stellt. Viele fahren auf den Trittbrettern mit. Zwar wird immer wieder gehalten, um sie abzuschütteln, doch das hilft nichts.« (3)

Schon gegen Ende des Jahres 1946 befahren wieder 114 Triebwagen eine Gleisstrecke von insgesamt 91 Kilometern. 1213 Schaffner, davon 240 weiblichen Geschlechts, werden eingesetzt. Bei einer Einwohnerzahl von 728.000 werden in München tagtäglich bis zu 730.000 Fahrgäste gezählt, darunter 90.000 geschätzte Schwarzfahrer.

Die Menschen hängen in den meist hoffnungslos überfüllten Trambahnen wie Trauben an den Türen und Trittbrettern. Nicht selten entstehen in der Tat lebensgefährliche Situationen. Allein 1946 verunglücken 31 Trittbrettfahrer tödlich. Und mit der Moral und Hilfsbereitschaft der Münchner scheint es in jenen Tagen auch nicht allzuweit her zu sein.

So ereignet sich im Februar 1947 in der Maximilianstraße ein grauenhafter Unfall. Dabei »touchiert« die Linie 4 einen etwas zu weit in der Straße parkenden Lastwagen. Sieben Trittbrettfahren werden zwischen Tram und Auto eingequetscht, vom Trittbrett gerissen und zum Teil unter die Trambahnräder gedrückt. Drei der Opfer sterben noch an der Unfallstelle, die anderen bleiben schwerverletzt liegen. Und dann passiert das heute unvorstellbare. Niemand hilft. Man läßt die Toten und Schwerverletzten einfach liegen. Als endlich ein Arzt kommt, können nicht einmal mehr alle Personalien festgestellt werden, da die Taschen der Verunglückten und Toten zum Teil ausgeleert sind. Offensichtlich wurden die

Völlig überfüllte Tram mit Trittbrettfahrern am Orleansplatz, 22.4.1947

Unfallopfer auch noch bestohlen und ausgeraubt.
Die alltäglichen, mehr oder minder banalen Ärgernisse in der Tram aber beschreibt ein von der »Bochum-Gelsenkirchener Straßenbahn AG« herausgegebene Dokumentation »eines Münchner Arbeiters« aus dem Jahre 1948. Dabei wird die unangenehme Enge in den überfüllten Wagen und der rüde Umgangston unter den Passagieren in der Nachkriegszeit noch einmal deutlich.

In nur 10 Tagen, in denen der Arbeiter zwanzig Trambahnfahrten zum Arbeitsplatz und zurück unternahm, wurden ihm von rücksichtslosen Mitfahrern drei Knöpfe und ein »Riemen der Essenstasche« abgerissen, mit einer Zigarette ein Loch in die Jacke gebrannt und zwei »tiefe Kratzer an den Schuhen« zugefügt. An Beleidigungen bekam er in dieser kurzen Zeit von seinen Mitreisenden zwei Mal »oider Depp«, einmal »Rindvieh«, einmal »sturer Bock«, drei Mal »gescherter Lackl« und einmal »gscherter Hammel« (4) zu hören.

Trambahn-Raritäten

Im Oktober 1956 ist auf Grund der zunehmenden Motorisierung der Münchner die Zahl der Fahrgäste auf täglich cirka 664.000 zurückgegangen. Über die Wintermonate aber steigt die Beförderungsquote wieder um rund 100.000 Fahrgäste an, da die meisten Motorrad-, Moped- und Radfahrer auf das städtische Verkehrsmittel umsteigen.

1961 gibt es erneut »stürmische Diskussionen«. Diesmal steht die Frage »Wird das Rauchen in der Trambahn verboten?« im Mittelpunkt der Auseinandersetzungen. Doch die Befürworter des Rauchens geraten bald ins Hintertreffen. Denn die Nichtraucher haben alles in allem die besseren Argumente. Ein technischer Angestellter bringt die Mißstände in einem Zeitungsinterview vom 12.1.1961 auf den Punkt:

»Vor allem im Winter, wenn man keine Fenster aufmachen kann, herrscht in den Wagen eine Luft zum Schneiden. Vor allem aus den Aschenbechern stinkt es ganz erbärmlich.«

Schaffnerin vor dem »Trambahn-Häusl« am Max-Weber-Platz, Sechziger Jahre

Und auch die Straßenbahnschaffner selbst sprechen sich nun für ein Rauchverbot aus:

»Wir sind hundertprozentig gegen das Rauchen in der Trambahn. Die Leute rauchen oft so ein Kraut, daß einem nach ein paar Stunden Arbeit richtig schlecht wird. Am Abend tun einem vor lauter Rauch die Augen weh und die Klamotten stinken wie die Pest.« (5)

Daß die Münchner aber allen Widrigkeiten zum Trotz an »ihrer« Trambahn hängen, wird spätestens im Dezember 1972 deutlich. Als von den Verkehrsbetrieben am Münchner Stachus »Trambahn-Raritäten« von ausrangierten Wagen versteigert werden ist das Interesse riesengroß. Vom »Frontscheinwerfer« über Haltestangen, Lampenfassungen, Notausstieg-Schildern bis hin zum kompletten Fahrersessel wird alles versteigert, was nicht niet- und nagelfest ist. Und die Sachen gehen weg wie die warmen Semmeln. Selbst einfachste Gegenstände bringen bis zu 50 Mark. Als die nur wenige Stunden dauernde Auktion beendet ist, können für »wohltätige Zwecke« über 5.500 Mark zu Verfügung gestellt werden.

Doch inzwischen brechen auch für die Tram »moderne Zeiten an«. So wird 1959 am Stachus der erste Fahrscheinautomat aufgestellt. Im Laufe der Modernisierung der Tram durch »Geräte mit Fernsteuerbedienung« und »Fahrscheinverkaufsautomaten mit Selbstentwerter« werden zuerst die Schaffner in den Triebwagen »abgebaut«, ab April 1970 dann auch die in den Beiwagen. Am 30. Mai 1975 ist letztmalig ein Münchner Schaffner unterwegs. Die Linie 9 ist der erste »Einmannbetrieb«. Ein weiteres Stück traditionelles »Münchner Leben« verschwindet so aus dem Alltag der Stadt.

Mit der Einführung der Einheitstarife 1934 kommt die Wochenkarte in Gebrauch.

«Stationshaus« am Karlsplatz, Westseite, 40er Jahre

Münchner Geschichte im Spiegel der Tram

So entpuppt sich die Münchner Tram auch als Medium, über das nicht nur »Geschichte des Münchner Alltags«, sondern auch wichtige soziale und politische Ereignisse dargestellt und verdeutlicht werden können.

Neben den Sorgen, Ängsten und Hoffnungen, die durch die Gespräche der Fahrgäste in verschiedensten Szenen sichtbar werden, spiegeln sich auch Geschehnisse sogenannter »großer Politik« in zahlreichen literarischen Zeugnissen. Landflucht und Industrialisierung sind ebenso Thema wie der Erste Weltkrieg, in dessen Verlauf Trambahnwägen zum Verwundetentransport in »Lazarettwägen« umfunktioniert werden.

Während der Rätezeit wird von Oskar Maria Graf ebenso wie von Josef Hofmiller die Normalität des Lebens unter anderem daran gemessen, ob die Straßenbahn fährt oder der Betrieb wieder einmal eingestellt ist. Mit »und alle Straßbahnen hörten zu fahren auf« beginnt Oskar Maria Graf seine Schilderung der Ereignisse nach der Ermordung des ersten bayerischen Ministerpräsidenten Kurt Eisner. Die Inflation zu Beginn der Zwanziger Jahre zeigt sich in grotesken Bildern, zu denen auch das Einsammeln von Fahrgeld in Körben gehört und auch der Hitlerputsch 1923 oder der Antisemitismus während der Nazizeit hinterläßt seine Spuren im Trambahnbetrieb. So ist man während der Nazizeit selbst in der Tram nicht vor unliebsamen oder gar bedrohlichen Begegnungen gefeit. Und als gegen Ende des Krieges alles in Scherben liegt, da verkehrt auch in München als Notbahn der »rasende Gauleiter«.

Nicht Technikdetails, Statistiken oder Trambahnnostalgie stehen also im Mittelpunkt dieses Buches, sondern Münchner Leben, Münchner Alltag, Münchner Politik – die Münchner Trambahn als Spiegel des Lebens in der Stadt.

Der Dank des Herausgebers gilt allen, die ihn bei den Vorbereitungen zu diesem Buch unterstützten, insbesondere der Monacensia-Bibliothek, dem Münchner Stadtarchiv, dem Kulturreferat der Landeshauptstadt München und dem Münchner Stadtmuseum.

Ein ganz besonderer Dank aber gebührt den Städtischen Verkehrsbetrieben, die dem Herausgeber und dem Archiv des Haidhausen-Museums in großzügigster Weise Bildmaterial zur Verfügung stellten.

München, den 1. Sept. 2001 *Hermann Wilhelm*

Auf der Pferdebahn

Einer der Groschenwagen des »Lohnkutschers« Michael Zechmeister. Der »Stadt-Omnibus« mit Platz für 25 Fahrgäste verkehrt erstmals als feste Linie mit festem Fahrplan und festem Fahrpreis

Die Mutter trug mich unter den Arkaden
Und sah mit mir die schönen Bilder an,
Am Stachus stand ich vor dem Zauberladen,
Lief um die Wette mit der Pferdebahn.

Johannes R. Becher

August Kühn

Vorarbeiter beim Trambahnbau

Die Aktiengesellschaft eines Herrn Ingenieurs Otlet aus Brüssel hatte mit dem Stadtmagistrat einen Vertrag für die Einrichtung einer Trambahnlinie, der ersten in München, ausgehandelt. Auf Schienen sollten in halbstündigem Abstand mit Pferden bespannte Wagen vom Promenadenplatz über den Stachus, Bayerstraße, Bahnhofsplatz, die Dachauer- und Nymphenburger Straße zum Burgfrieden hinausrollen. In vier Monaten, versprach die Gesellschaft, sollte der Bau der Strecke vollendet sein. August Kühn war unter den Streckenarbeitern, und weil er sagen konnte, er habe schon solche Arbeit gemacht, wurde er Vorarbeiter einer Rotte, was ihm drei Pfennige mehr in der Stunde einbrachte. (...)

Entwurfzeichnung für den neuen »Münchener-Tram-Omnibus«

Der Schienenbau schritt rasch voran. August Kühn war froh, daß es nun aus der inneren Stadt hinausging. Jeden Morgen gab es Auseinandersetzungen mit den in den anliegenden Häusern wohnenden Bürgern, die sich vom Baulärm zu so früher Stunde gestört fühlten und ihren Unmut auf die Streckenarbeiter abluden. »Ja was meint's denn ihr, Lumpengesindel, hergelaufenes, was ihr für einen Krach machen dürft's?« – »Geschäftsschädigung!« – »Ruhestörung!« – Aber jede Rotte hatte von sechs Uhr morgens bis sechs Uhr abends eine genau abgemessene Strecke zu schaffen. Ein späteres Anfangen in der Frühe hätte die sehnsüchtig erwartete Mittagspause verkürzt, wo man sich von der Schufterei eine Stunde lang erholen konnte, bis es noch einmal einen halben Tag hinein ins Geschirr ging.

Als Vorarbeiter einer Rotte war er nicht von der Knochenarbeit befreit, aber für die drei Pfennige mehr gehörte es neben dem Überwachen der Arbeit der anderen und der Werkzeug- und Materialbeschaffung auch zu seinen Aufgaben, erboste Bürger zu besänftigen. Nur die Sprachen rund ums Mittelmeer übertreffen das Bayerische in seiner Vielfalt an Schimpfworten. August Kühn lernte in den ersten Wochen bei der Trambahnlinie den größeren Teil davon kennen und mußte ihn über sich ergehen lassen, ohne selbst besonders heftig werden zu dürfen, wollte er nicht eine Beschwerde riskieren, die ihn unter ungünstigen Umständen um seine mühsam erworbene Stelle gebracht hätte. Er verschanzte sich bald hinter der immer gleichbleibenden Antwort: »Wir haben den Auftrag! Unsere Gesellschaft baut die Tram-

Pferdebahnwagen »201«

Pferdebahn in der Zweibrückenstraße, um 1880

bahn für den Magistrat. Der ist für Beschwerden zuständig!« (…)

Danach wurde die erste Trambahnstrecke Münchens fertig und konnte dem Verkehr übergeben werden. Für die meisten Streckenarbeiter hieß das, den Winter ohne Verdienst zu sein. Dennoch waren sie der Aufforderung der Gesellschaft gefolgt und standen in ihrem besten Sonntagsstaat Spalier am Promenadenplatz. Sie durften zusehen, wie die mit Blumengirlanden geschmückten weiß-blauen Trambahnwagen von glänzendgestriegelten Pferden auf den Geleisen heranrollten, wie der Ingenieur Otlet aus Brüssel in geziertem Deutsch dem Bürgermeister von Erhardt schmeichelte: »Ich habe für Sie die Bahn gebaut, s'il vous plait, bitte nehmen Sie Platz zu einer Probefahrt.«

Er hatte die Bahn gebaut? August Kühn fühlte mit dem Finger über die Schwielen an seiner rechten Hand. Da stiegen nun alle Räte des Gemeindekollegiums ein, auch der Polizeidirektor Feilitzsch, machten eine Stunde lang eine Spazierfahrt, und sie bekamen inzwischen den letzten Lohn ausbezahlt. Aber dann wischte er diesen Gedanken weg. Er war ja gut dran, man hatte ihm versprochen, ihn den Winter über als Wagenpfleger weiterzubeschäftigen. Zwar würde das eine Nachtarbeit sein, denn untertags mußten die Trambahnen ja fahren, um Geld für die Gesellschaft zu bringen. Aber bis er wieder etwas anderes gefunden hätte, konnte er mit den paar Mark für die Miete und Essen zufrieden sein. Und im nächsten Jahr sollten noch weitere Strecken gebaut werden.

Abbildung Seite 18 oben:
Pferdebahn der Münchener Trambahn Aktiengesellschaft am Ostbahnhof um 1890

Max Halbe

Weiß und blau gestrichene Wägelchen

Als ich in jenen regenfeuchten Frühlingswochen Anno Domini 1884 meinen gänzlich unfeierlichen studentischen Einzug in die Isarstadt hielt, war

Pferdetram vor dem Café Dengler am Hofgarten, 1885

gerade der Maibock angegangen. Es regnete tagelang, was vom Himmel herunter wollte. Es regnete Schnürl oder Spagat, wie der Münchner zu sagen pflegt. Auf den damals noch makadamisierten (chaussierten) Straßen – Steinpflaster war noch wenig vorhanden –, spritzte, wenn ein Wagen vorbei fuhr, was ja vorkam, Schlamm und Kot springquellartig gen Himmel; man plantschte bis an die Knöchel im Wasser.

Ich hatte in der Theresienstraße 5 ein behaglich möbliertes Zimmer gefunden, im ersten oder zweiten Stock. Unten war ein Kolonialwarenladen, der mich an meine Pensionszeit in Marienburg erinnerte. Dort war ein ähnlicher Laden im Hause gewesen. Wenn ich aus dem Fenster sah, so fiel mein Blick auf ein weiß und blau gestrichenes Wägeichen, das mir heute wie aus einer Spielzeugschachtel vorkäme. Es war ein Gefährt der Münchner Straßenbahn, die man damals, wie auch heute noch, Trambahn nannte. Das Wort ging darauf zurück, daß ein englischer Unternehmer zuerst die »Tram« (englisches Wort für Schienen) in München eingeführt hatte. Die Linie, die an der Ludwigstraße, dicht vor meinem Hause, endigte, war die spätere Ringlinie und führte zu jener Zeit über den Bahnhof nur bis zum Isartorplatz. Außerdem gab es noch die Dampftrambahn nach Nymphenburg und, soweit ich mich entsinne, schon die grüne Linie vom Bahnhof bis zur Universität.

Alle zehn Minuten tauchte so ein weiß-blaues Wägelchen vor meinem Fenster auf, bremste geräuschvoll, hielt knirschend an, worauf der geduldige Braune umgespannt wurde. Nach einer ausgiebigen Pause, während welcher Maßkrug und Brotzeit keine geringe Rolle spielten, trollte sich das Gefährt wieder von dannen, dem »fernen« Bahnhof und dem noch ferneren Isartorplatz entgegen. Ein idyllischer Anblick, wenn ich ihn mir heute zurückrufe. Damals kam er mir nicht wenig großstädtisch vor.

Auch ein Verkehrshinderniß.
Offizier (in Bewunderung versunken): „Welch reizender Käfer!“

Karikatur aus den »Fliegenden Blättern«

»Oberkontrollmeiser« Kopfmüller von der Straßenbahn-Direktion an der heutigen Einsteinstraße, um 1900

Karl Zettel

Auf der Ringlinie

Von unzähligen denkbaren Zusammenstellungen der Trambahnfahrgäste nur eine, aber ein getreues Photogramm, auf der Fahrt durch Momentaufnahme gewonnen! Mir gegenüber sitzt ein Lebegreis mit eleganten Formen und, wie es scheint, überlegenem Standesgefühl, nicht alt an Jahren, aber von abgetragener Jugend, unter müdem Lächeln öfter seine goldene Remontoir-Uhr ziehend. In einer der Ecken lauert eine blasse vergrämte Frau mit einem etwa dreijährigen Kinde, welches in die Augenklinik geschafft werden soll – ein Stück thränenwerten Elends; neben ihr hat ein Rechtsanwalt zweiter Güte Platz genommen; ein Aktenbündel in den obligaten blau-grauen Umschlag gehüllt, harrt der baldigen Lüftung im Gerichtssaale; vorerst aber ruht er noch auf der schon etwas abgefretteten schwarzen Paradehose des Rechtsschutzmannes, der ab und zu eine Prise gegen die Nase führt und über den Fall, welcher

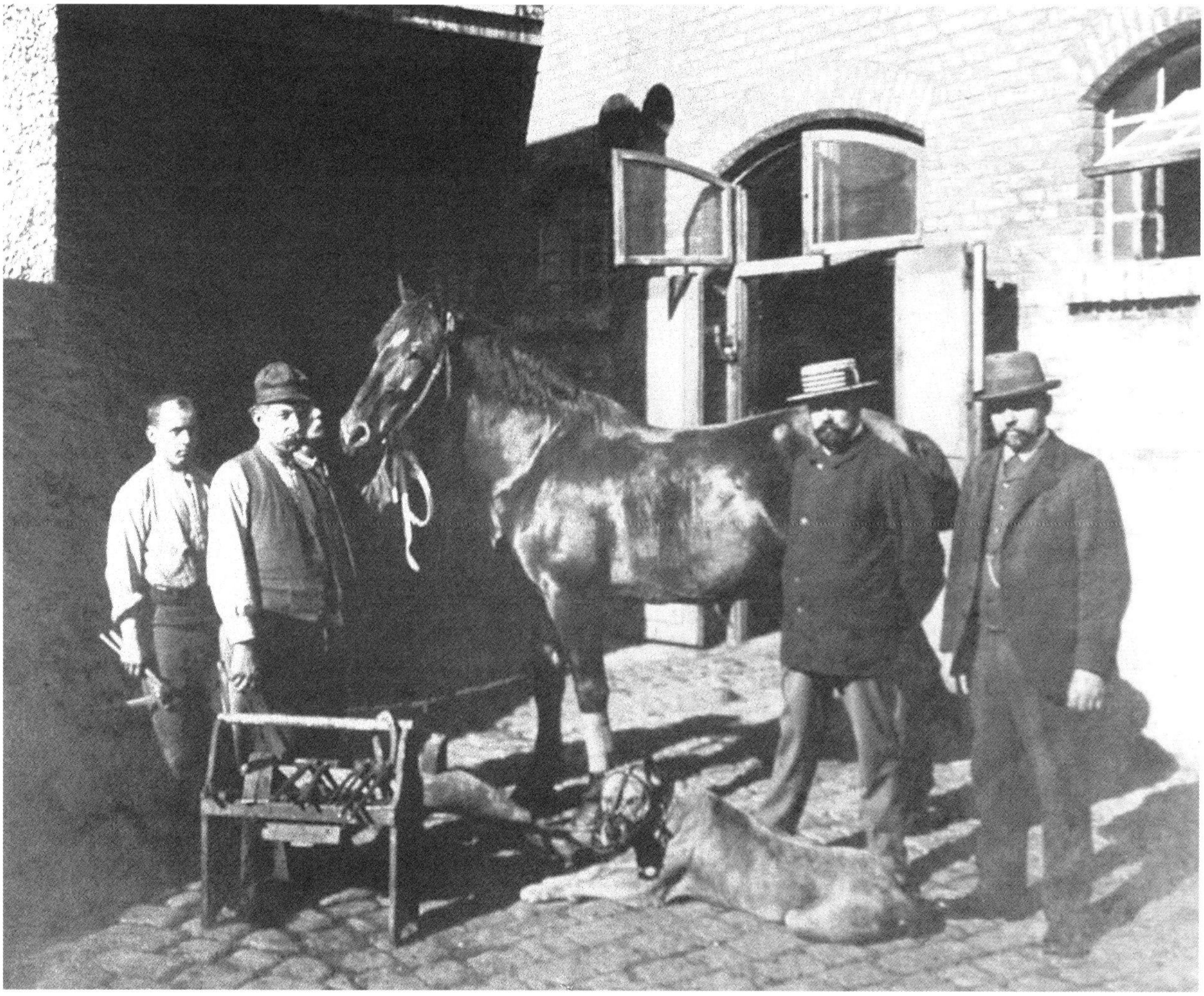

Stallungen der Pferdebahn an der Einstein-/Schloßstraße in Haidhausen, 1890

vielleicht in einer Viertelstunde schon zur Verhandlung herangereist ist, nachzusinnen scheint, wenn er nicht etwa an den für abends angesetzten »Bierrumpel« im »Deutschen Haus« zu denken hat. Hart an meiner Seite hat sich eine dickwanstige Alte breitgemacht, eine Hausiererin, die bereits Miene macht, ihre zweifelhaften und minderwertigen Gold- und Talmiwaren auszukramen und anzupreisen. Ein Laufbursche mit einer wahren Abruzzenvisage, der in einem Drogengeschäft bedienstet ist, flankierte meine andere Seite, während schrägüber die Frau eines pensionierten Salinenbeamten mit ihrer anspruchsvollen verheirateten Tochter saß. Diese, in den pelerinenreichen Kutschermantel mit Sattelkragen hineingequält, schnupperte mit ihrer Geiernase stetsfort in die Höhe, wobei von dem rückgeklappten Kopfdeckelchen, welches man Capothut zu heißen beliebt, einige Blumenfäden und Rispen nach rückwärts emporzitterten. Sie schien es nicht für angemessen zu halten, den Mitfahrenden einen Blick zu gönnen – ein lächerliches Bild von gänsehaftem Hochmut; warum benützen denn solche hochgeschraubten Dämchen keine Droschke? Aber dazu fehlt es am nötigen Kleingeld. Reiche Not und armer Geist! – Auf dem hinteren Perron des Wagens hat ein Zahlmeister-Aspirant, eine imitierte Virginia im Munde, mit dem Kondukteur in ein eifriges Gespräch über die Beförderung eines Hauptmanns sich eingelassen; sie kennen sich wohl aus der Truppe.

An der bestfrequentierten Haltstelle vor dem Hotel Stachus hüpft, springt, trabbelt und keucht man aus dem rollenden und klirrenden Gefängniskasten und in einer Viertelstunde – wo müßte man sie alle suchen?

»Denn hier ist keine Heimat, jeder treibt
Sich an dem andern rasch und fremd vorüber
Und fraget nicht nach seinem Schmerz …
Sie alle ziehen ihres Weges fort
An ihr Geschäft …«

Noch eine müßige Frage! Wenn nun die bezeichneten Insassen nur einen halben Tag zusammenzuleben verurteilt wären, müßte nicht ein Menagerie-Käfig ein friedseliges Paradies dagegen sein? –

Leo Erhard-Rabenau

»Ein Ersatzpferd für das Trambahn-Wagerl«

Der Sendlinger Berg. Da stand unten der Mai-Bräu mit Futterkrippen für die Pferde. Als es noch die Pferdebahn gab, war am Mai-Bräu immer ein Ersatzpferd angepflockt, das man vorspannte, wenn das Trambahn-Wagerl aus der Stadt, gefüllt mit Fahrgästen, zum Harras hinauf fuhr. Die kleinen Wagen waren auch noch im Dienst, als es schon lang die »Elektrische« gab. Sie hießen »Räucherwagerl« (in ihnen durfte geraucht werden) und hatten nur zwei Achsen. Sie ließen sich von uns Buben, die damals das Theresien-Gymnasium oder die Ludwig-Kreis-Realschule besuchten, auf der winzigen Plattform stehend solange schaukeln, bis die Kupplung zum Motorwagen so heftig anschlug und der Schaffner an der ledernen Leine die Glocke zu Hilfe nahm, damit der Kondukteur vorne bremste. Die Flucht gelang uns jedesmal, nur zu Fuß mußten wir halt die lange Lindwurmstraße nach Hause laufen.

Die Plattformen der Trambahn waren nur durch faltbare Eisengitter geschützt. Ins Wageninnere führte eine Schiebetüre, an der eine emaillierte Meter-Marke angebracht war. Dahin mußten sich die mitfahrenden Kinder stellen, wenn es ungewiß war, ob sie schon über einen Meter groß

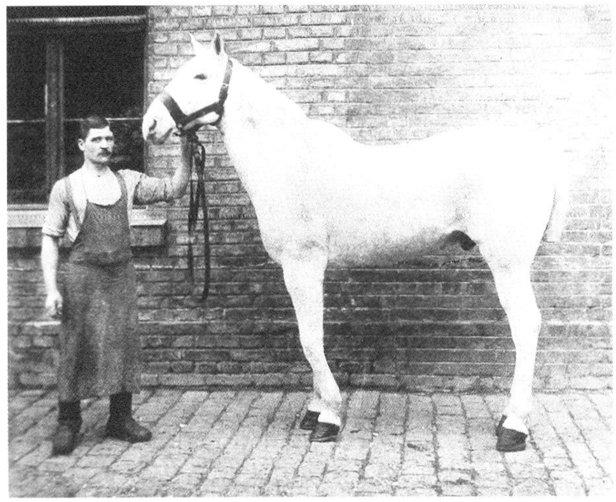

»Dienstpferd« der Münchner Straßenbahn, »gekauft am 10.4.1881«

waren. Der Motorwagen hatte zwei lange Bänke aus Holzleisten an beiden Seiten. Es gab auch schon Reklame in den Wagen. In der Mitte der Tram unter dem Dach war eine Uhr. Die freien Flächen neben dieser Uhr zeigten einen Perser im goldenen Gewand und einem langen Stab in der Hand, der auf das Wort »SATRAP« hinwies. Reklame für eine Firma, die in der Lindwurmstraße Platten für Photographen herstellte.

Übrigens – die Wagen der »Elektrischen« konnten nicht geheizt werden. Im Winter waren deswegen die Fenster dicht mit Eis beschlagen. Die Kondukteure standen völlig der Kälte ausgeliefert im zugigen Wind. Sie mußten sich durch dicke Schafpelzmäntel und riesige Schuhe mit Holzsohlen schützen. Die Hände steckten in Wollhandschuhen, wobei nur die blanken Finger herausschauten.

Pferdebahn in der Ludwigstraße. Federzeichnung

Anna Croissant-Rust

Mit der Pferdebahn durchs Siegestor

Trübselig zieht der kleine Gaul den Trambahnwagen nach Schwabing. Ein naßkalter Junitag mit einförmig grauem Himmel. Von den Dächern und Bäumen tropft's, die Dachrinnen speien, auf Wegen und Plätzen läuft das Wasser umher. Die Pferdebahn ist gedrückt voll, ein Geruch von nassen und halbtrockenen Kleidern und Schirmen, von eingeöltem Haar, Seife und Stiefelschmiere. Dazu eine Brise ächten Schmalzlers von Zeit zu Zeit genommen – der dicke Metzger mit seiner Lederhose und den Schmierstiefeln füllt jede wache Pause damit aus, niest ein paarmal im Wagen herum und duselt wieder weiter. Hut auf dem linken Ohr, Wanst in der Ecke. Unbekümmert und mit seiner Lebensauffassung vollkommen im reinen, bläst er seinen schweren, bierdunstigen Atem seinem Gegenüber ins Gesicht.

Die alte Aristokratin!

Wie sie schnüffelt mit ihrer spitzen Nase! Und Taschentuch und Parfüm und Schleier und Seidenkleid, alles für nichts. Sie sitzt mitten unter dem Plebejerpack! Trotzdem sie den Kopf steifnäckig zurückgelegt und den Schirm wie ein Schwert auf den feuchtklebrigen Boden stemmt, Ansehen und Berührung der »unteren Schichten« von sich weisend, prägt sich doch eine eigentümliche Unruhe und Unsicherheit in ihrem hageren Gesichte aus.

Unterwegs steigt eine schon bejahrte Arbeiterin ein. Mit ihren durchnäßten Röcken nimmt sie den freigewordenen Platz neben der länglichen, schnüffelnden Aristokratin ein. Ihr dünner Wollrock tropft vor Nässe, um die Schultern hat sie ein wollenes Tuch geschlungen, das Brust und Rücken nur halb bedeckt. Von den durchnäßten Haaren, die an der Stirne kleben, rinnen dicke Tropfen über ihr Gesicht. Mit scheuer Vorsicht und dem Bestreben, sich schmäler zu machen, hat sie sich auf der Kante der Bank zurechtgesetzt und ihren Korb auf den Schoß genommen (...)

Dazwischen klatscht der Regen an die Scheiben und laufen die Tröpflein sich zu dicken Tropfen sammelnd an der Glasfläche herunter. Die Räder rasseln und übertönen die Stimmen. Der Wagen fährt durch das Siegesthor, eine feuchtgraue, fleckige Mauer rechts und links, dann die offene Landstraße. Die lange Reihe der Pappelbäume neigt sich gleichmäßig im Winde. Öde liegt die schmutzige Straße, nur ein paar Weiber mit Körben kämpfen gegen das Wetter.

Von unten heraus kommt ein mit Leinwand überspannter Wagen, der Fuhrmann trottet im Schmutz nebenher und zieht den Kopf ein, wie seine Klepper. Aus dem Wagen schaut ein zottiger Hund, halb ins Heu vergraben, und ein Weib mit dummstierem Blick. Ein anderer Pferdebahnwagen rasselt vorbei, die Scheiben so dick angelaufen, daß man die Menschen nicht erkennen kann.

Josef Benno Sailer

Trambahn-Pferde-Auktion.

Wo Jahre hindurch auf dem soliden Granitpflaster mit eintönigem Hufgeklapper wackere Rößlein sich abmühten, Trambahnwagen ältesten Systems in gemütlichem Trab dahin zu befördern, saust jetzt der hochelegante Motorwagen, mit gellendem »Bim! Bim!«, »Vorsicht« heischend und männiglich aus dem Bummeldusel vergangener Gemächlichkeit zu großstädtischer Gewecktheit aufrüttelnd. Was man bis zum letzten Moment nicht glauben zu können vermeinte, – sämtliche Linien sind elektrisiert worden! Freilich dauert die Rundreise auf der Ringlinie noch 48 Minuten, aber nur bis die Anwohner sich an das neue Verkehrsmittel gewöhnt haben; hernach wird die Zurücklegung vielleicht nur mehr eine halbe Stunde beanspruchen – wenn's wahr ist. Während Kutscher und Kondukteure nach Geschick und Brauchbarkeit ebenfalls »elektrisch« wurden, wurden die bisherigen Motoren, die Schimmerl,

Pferdebahn in der Rosenheimer Straße, um 1890

Pferdebahn vor dem Trambahnverwaltungsgebäude an der Äußeren Wiener Straße (heute Einsteinstraße) in der Nähe des Max-Weber-Platzes, um 1890

Füchserl, Braunen und Rapperl, mehr als flüssig, d. h. überflüssig, man mußte daher suchen, sie möglichst hoch loszuschlagen. Hierzu ist eine Auktion das beste Mittel und so ward denn bekannt gegeben, daß die letzten Rosinanten zur Versteigerung kommen sollten.

Von 7 Uhr morgens an war die Besichtigung gestattet. Bei dieser Versteigerung konnte man deutlich sehen, welcher Sympathien sich ein Tier erfreut, das unentwegt der Allgemeinheit seine Dienste leistete. Der Andrang zur Versteigerung war sehr stark; war ja doch auch anzunehmen, daß nur gesunde, leistungsfähige Pferde zur Versteigerung kommen würden. Hierdurch und durch das instinktive Mißtrauen, das der kleine Bauer oder Geschäftsmann gegen das Gebahren einer gewissen Sorte von Pferdehändlern empfindet, lassen sich auch die durchwegs hohen Preise erklären, die erzielt wurden. Bauern, Kleingütler, Milch- und Viktualienhändler, Lohnkutscher, auch Gutsverwalter u. dgl. waren als Hauptsteigerer neben einer Menge von Roßkippern und nicht wenig Neugierigen im Hofe des Trambahndepots erschienen. Wie immer, war auch hier ein Kontingent von Dienstmännern, ausgerüstet mit Steckerln, Gerten oder Regenschirmstöcken, am Platze, um lukrativen Pferdetransport auf sich zu nehmen. Schon die Besichtigung der Rosse bot humoristische Momente genug, denn die meisten zeigten nur ungern Zunge und Zähne, sträubten sich auch gegen Fußerl-Aufheben, Pulsfühlen und Abtappen. Zuvorkommender waren die Stallbediensteten, obwohl sie sich lebhaft gegen Annahme von Trinkgeldern sträubten. Vielfach wurden sie bezüglich des einen oder andern Trabers interviewt; noch höher ward das Urteil eines zufällig anwesenden Kutschers geschätzt, der natürlich die Eigenschaften seines »Zöglings« am besten kennen mußte. Andächtig lauschte alles seinen Worten: »Dem Gaul sicht ma's net an, aber bei der ganzen Trambahn ist koaner, der so anziagt, wie der!« Natürlich merkte sich jeder die Nummer des Pferdes und beim Versteigern erreichte dieser eine unsinnige Höhe. Vor der Aufforderung zu einem Gebot ward jeder Gaul vorgeführt, was einem richtigen Spießrutenlaufen gleichkam, wenn ihm irgend ein Fehler anzuhalten schien; einzelne wurden mit direktem Hohngelächter empfangen. »Mit dem derft's dahoam bleib'n!« – »Der fallt hint'n z'samm!« – »Ja, habt's denn den vorn o'gschaut?« – »Oan Spatz'n hat er scho, den andern kriagt er no.« – »Der geht ja net viel krumm!« – »Weil der net ganz g'starri is« – eine kleine Blütenlese von Mißachtungsbezeugungen. Leidenschaftliche Bewegung dagegen entstand, wenn ein schönes Stück vorgeführt ward; die Liebhaber und Interessenten drängten nach und lebhafte Steigerungslust ward rege, wenn auch Skeptiker meinten: »Dös is aa bloß a Figurenpferd, aber sunst nix!«

Münchner-Tram-Car Winterwagen

Münchner-Tram-Car Sommerwagen

Beim Auktionsakt selbst bedeutete das bloße Aufheben der Hand eine Steigerung um 5 Mark. Und dieser automatische Betrieb funktionierte ausgezeichnet, bis auf wenige Fälle, in denen Renommisten oder Strohmänner den Aufschlag erhielten und nicht mehr aufzufinden waren. Die erzielten Preise waren, wie schon einmal erwähnt, ziemlich hoch, was den allgemeinen Unwillen und die Streiterklärung der anwesenden Roßhändler zur Folge hatte, die, weil sie sich lahmgelegt

Postkarte zum Ende der Pferdebahn, 1900

sahen, ihrer Entrüstung freien Lauf ließen: »Dö macha ja mehr G'schäft mit'n Roßhandl als mit'n Fahrn!« – »Um 300 Mk. kaffa sie's, nacha lassen sie's fünf oder sechs Jahr laffa, na' versteigern sie's um 500 oder 600 Mk., so a G'schäft mach' i aa!« – »I' möcht nur dös Geld, was da heut verschustert werd; unseroana wenn so an Preis verlangat, der werat massakriert.« – »Die dümmern Leut san scho' in München, da ham's jetz koa Garantie und gar nix und steigern wia narrisch!« – »Um dös Geld kriag i ja a jungs Roß, dö san wirkli unheilbar!« – »Aha, der kauft nach'm G'wicht.« – »Dös san ja koane Pferd, dös san ja Schaf, schaug nur hin, wie's daherkumma!« – »Schaugs nur o, dö G'scheerten, ganz winni san's, die steigern alle nur d'Ohrwaschel und Köpf, wie da Gaul auf de Haxn is, dös wissen's no gar net!« – »Ja und Du muaßt wissen, daß de Roß alle gut in Habern warn; wenn da oaner net so forttaucha kann, na falln's eahm z'samm!«

Eine dionysische Stadt war München keineswegs. Aus dem rebenumrankten Dionysos ist eher ein behäbiger, hopfenduftender Gambrinus geworden. Zwischen Oktoberfest und Fasching geistern rauschartige Zustände durch die Köpfe der Einheimischen, Akklimatisierten und Zugereisten. Und »In München sind sogar die Elektrischen blau« singt der Refrain eines volkstümlich gewordenen Liedes.

Rudolf Fernau, Als Lied begann's

Ein biederes Bäuerlein, das offenen Mundes die vernichtende Kritik mitgehört hatte, brummt vor sich hin: »Da wart i liaba, bis d'Motorwagn versteigert wer'n!« – Welch willkommener Zielpunkt für Witzbolde die Namen von Pferden wie »Gans«, »Neujahr«, »Frosch«, »Zugspitz«, »Nix-

Dampftrambahn am Nymphenburger Volksgarten, 1893

nutz«, »Tarock«, »Kratzbürste«, »Kater« oder gar »Ragout« boten, kann man sich leicht vorstellen. War endlich einer trotz der Preistreiberei in den Besitz eines Pferdes gelangt, so suchten ihm die Unterlegenen und Neider den Besitz nach Möglichkeit zu verleiden. Am meisten hatte einer zu leiden, der einen 17jährigen völlig steifen Schimmel um 85 Mk. eingesteigert hatte. »Was kost' der, 85 Pfg.? der is z'teuer!« – »Holt's d'Sanitäter!« – »Halt di net z'fest ei, sunst fallt's mit'nander um!« – »Moanst, Du bringst'n lebendi hoam?« – »Laßt's 'n geh', dös is a Schweinmetzger!« – »So! Du in welches Viertel kummt denn der Gaul! Da laß i mi drei Wocha nimmer spanna.« – Nicht faul erwiderte der Besitzer der edlen Rosinante seinem Hauptbedränger: »A Gaul is, aus der Feiertagsschul is er, von Dir woaß i's net g'wiß, zahlt is er aa und wo dei Schuester wohnt, geht mi nix o!«

Ein Pferd ums andere wird hinausgeführt, ein schmuckes Bräundl, nun in fremden Händen, gewahrte am Ausgang seinen Kutscher, der es jahrelang wie ein Freund gehalten und ihm jetzt zum Abschied noch einige Bröckl Zucker reichte; der Gaul wurde von seinem Führer fortgerissen, dem nunmehr »elektrischen« Kutscher rollte eine Träne in den Bart, ein Kollege neben ihm spöttelte: »Geh, laß die net auslacha weg'n dem Viech!« – Im Nachbarhause waren sämtliche rückwärtige Fenster besetzt von Schaulustigen, die das lebhafte Treiben fesselte.

Eine Köchin im zweiten Stock, die einen Schatz bei der Kavallerie hat, ließ, von Ideenverbindungen umgarnt, den Braten anbrennen, ein Kaminkehrergehilfe, der zum Stiegenfenster herabsah, fühlte eine Berufung à la Jungfrau von Orleans in sich, er »kehrte nicht wieder«. – Was die fortgeführten Pferde sich wohl bei Ansichtig-

Dampftrambahn am Stiglmaierplatz, Holzschnitt

werden des elektrischen Konkurrenten gedacht haben mögen? Welchem Schicksal werden sie entgegengehen? Hoffentlich einem guten, denn ihre ganze Untugend besteht darin, an Trambahnhaltestellen stehen zu bleiben – eine Macht der Gewohnheit. Aber auch darüber hilft ein Trambahnpfeiferl hinweg.

Theodor Remlein

Die Probefahrt der Dampfstraßenbahn 1883

Neuhausen hatte sich ein Festgewand angelegt, Triumphbogen in reichem Flaggenschmucke waren angebracht und die Häuser reich mit Flaggen und Kränzen verziert. Der Lehrer hatte die Schuljugend unmittelbar hinter dem Bahndamme aufgestellt, welche die vorbeifahrenden Züge mit Hurrah begrüßte.

Hinter Neuhausen zweigt sich die Linie von der Allee nach links ab und zieht sich durch eine neuangelegte Straße, zu deren beiden Seiten jetzt schon Häuser aufgeführt werden, hin. Vor der heilmagnetischen Anstalt des Herrn Dr. Hacker in Nymphenburg war ein Musikkorps postiert, welches bei Ankunft der Züge einen Tusch ausbrachte und dann zu einem Marsche überging, unter dessen Klängen dieselben langsam vorbeifuhren.

Auf der weiteren Fahrt fielen noch die in einem kleinen Gehölze postierten Arbeiter, welche den Bau der Linie ausgeführt hatten, auf, welche, mit Kränzen geschmückt, das Handwerkszeug in schönen Gruppen zusammengestellt hatten und den gefüllten Maßkrug in der Hand (es ward denselben aus Anlaß der Probefahrt Bier gespendet worden) den Vorbeifahrenden zujubelten.

Als der Zug bei der Haltestelle in Nymphenburg (Hoch's Keller) anlangte, – die Fahrt dauerte

18 Minuten –, wurden die Aussteigenden von dem Bürgermeister Nymphenburgs und dem Gemeinderate mit warmen Worten empfangen und eingeladen, sich auf dem Keller durch einen frischen Trunk zu erquicken, worauf sich der Zug der Gäste unter Vorantritt eines Musikkorps und dem Krachen der Böllerschüsse in die festlich mit Girlanden und Fahnen geschmückten Räume begab, in welchen eine schön gedeckte Tafel prangte.

Unter den vielen Toasten, welche ausgebracht wurden, erwähnen wir den des Bezirksamtmannes Vogel auf Nymphenburg, dann des Herrn Regierungspräsidenten Freiherr von Pfeufer auf seine Majestät den König, in welchen die Anwesenden begeistert einstimmten, und den des Bürgermeisters Dr. von Erhardt, welcher erwähnte, daß namentlich der Bürgermeister Nymphenburgs, welcher den Stellwagenverkehr bis jetzt unterhielt, dem allgemeinen Interesse sein eigenes hintan gesetzt habe, verdiene, belobt zu werden.

Um vier Uhr wurde das Zeichen zur Rückfahrt gegeben. Ehe noch die Gäste Platz genommen hatten, entgleiste beim Vorfahren des 1. Zuges ein Wagen, derselbe konnte jedoch mit leichter Mühe wieder in das Geleise gehoben werden.

Die Musik begleitete die Gäste zum Wagen und unter den Klängen eines Marsches und den Hochrufen der sehr zahlreich versammelten Bewohner Nymphenburgs dampften die Züge von Nymphenburg ab, auf dem ganzen Wege mit Hochrufen und Hüteschwenken begrüßt und nach einer ohne jedes Hindernis zurückgelegten Fahrt von 13 1/2 Minuten trafen dieselben am Stiglmayerplatz wieder ein.

Einige Tage später wurde die Strecke definitiv dem Betriebe übergeben. Zweifelsohne gereichte dieselbe den Bewohnern Nymphenburgs, dem beliebten Vergnügungsplatze der Einwohner Münchens zu großem Vorteile, da der Besuch Nymphenburgs von nun an ein sehr starker wurde.

Mit der »Elektrischen« durch München

An der elektrischen Straßenbahn,
Da hängt oft hint ein Wagen dran,
Der Wagen, der da hängt daran,
Anhängewagen heißt er dann.
Er hängt daran nur dann und wann
An der elektrischen Straßenbahn.
Doch hängt er einmal nicht daran,
Was auch sehr oft stattfinden kann,
Dann kann es doch nicht anders sein,
Dann fährt der vordre Wagen allein.

Karl Valentin

Ludwig Thoma

Auf der Elektrischen

In München. Der schwere Wagen poltert auf den Schienen; beim Anhalten gibt es einen Ruck, daß die stehenden Passagiere durcheinander gerüttelt werden.

Einer der ersten »elektrischen« Triebwagen, noch mit offener Plattform, um 1895/96

Ein Schaffner ruft die Station aus.

»Müliansplatz!«

Heißt eigentlich Maximiliansplatz.

Aber der Schaffner hat Schmalzler geschnupft und kann die langen Namen nicht leiden.

Ein Student steigt auf. Er trägt eine farbige Mütze, und der Schaffner salutiert militärisch.

Er weiß: das zieht bei den Grünschnäbeln. Sie bilden sich darauf was ein.

Und wenn sich Grünschnäbel geschmeichelt fühlen, geben sie Trinkgelder.

Er ist Menschenkenner und hat sich nicht getäuscht.

Der junge Herr mit der großen Lausallee gibt fünf Pfennige.

Er sieht dabei den Schaffner nicht an; er sieht gleichgültig ins Leere; er zeigt daß er dem Geschenk keine Bedeutung beimißt. Der Schaffner salutiert wieder.

Wumm! Prr!

Der Wagen hält.

»Deonsplatz!« schreit der Schaffner.

Heißt eigentlich Odeonsplatz.

Eine Frau, die ein großes Federbett trägt, schiebt sich in den Wagen. Ein Sitzplatz ist noch frei.

Die Frau zwängt sich zwischen zwei Herren. Sie stößt dem einen den Zylinder vom Kopfe.

Das ärgert den Herrn. Er klemmt den Zwicker fester auf die Nase und blickt strafend auf das Weib.

»Aber erlauben Sie!« sagt er.

–?!–

»Aber erlauben Sie, mit einem solchen Bett!«

Die Leute im Wagen werden aufmerksam.

Der Mann scheint ein Norddeutscher zu sein, der Sprache nach zu schließen. Ein besserer Herr, der Kleidung nach zu schließen.

Was fällt ihm ein, die arme Frau aus dem Volke zu beleidigen?

Ein dicker Mann, dessen grüner Hut ein Gemsbart ziert, verleiht der allgemeinen Stimmung Ausdruck.

»Warum soll denn dös arme Weiberl net da herin sitzen? Soll's vielleicht draußen bleib'n und frier'n? Bloß weil's dem nobligen Herrn net recht is? Wenn ma so noblig is, fahrt ma halt mit da Droschken!«

Der dicke Mann ist erregt. Der Gemsbart auf seinem Hut zittert.

Einige Passagiere nicken ihm beifällig zu; andere murmeln ihre Zustimmung. Ein Arbeiter sagt: »Überhaupt is de Trambahn für an jed'n da. Net wahr? Und dera Frau ihr Zehnerl is vielleicht g'rad so guat, net wahr, als wia dem Herrn sei Zehnerl!«

Die Frau mit dem Bett sieht recht gekränkt aus. Sie schweigt; sie will nicht reden; sie weiß schon, daß arme Leute immer unterdrückt werden.

Sie schnupft ein paarmal auf und setzt sich zurecht. Dabei fährt sie mit dem Bette ihrem anderen Nachbarn ins Gesicht.

Der stößt das Bett unsanft weg und redet in soliden Baßtönen. »Sie, mit Eahnan dreckigen Bett brauchen S' mir fei 's Maul net abwisch'n! Glauben S' vielleicht, Sie müassen's mir unta d' Nasen halt'n, weil S' as aus 'm Versatzamt g'holt hamm?«

Die Passagiere horchen auf.

Da ist noch einer, der die Frau aus dem Volke beleidigt; aber, wie es scheint, ein süddeutscher Landsmann.

Die Stimmung richtet sich nicht gegen ihn. Übrigens sieht er so aus, als wenn ihm das gleichgültig sein könnte. Er hat etwas Gesundes an sich, etwas Robustes, Hinausschmeißerisches.

Er imponiert sogar dem Herrn mit dem grünen Hute.

»Elektrische« mit Sommerwagen am Sendlingertorplatz, Postkarte

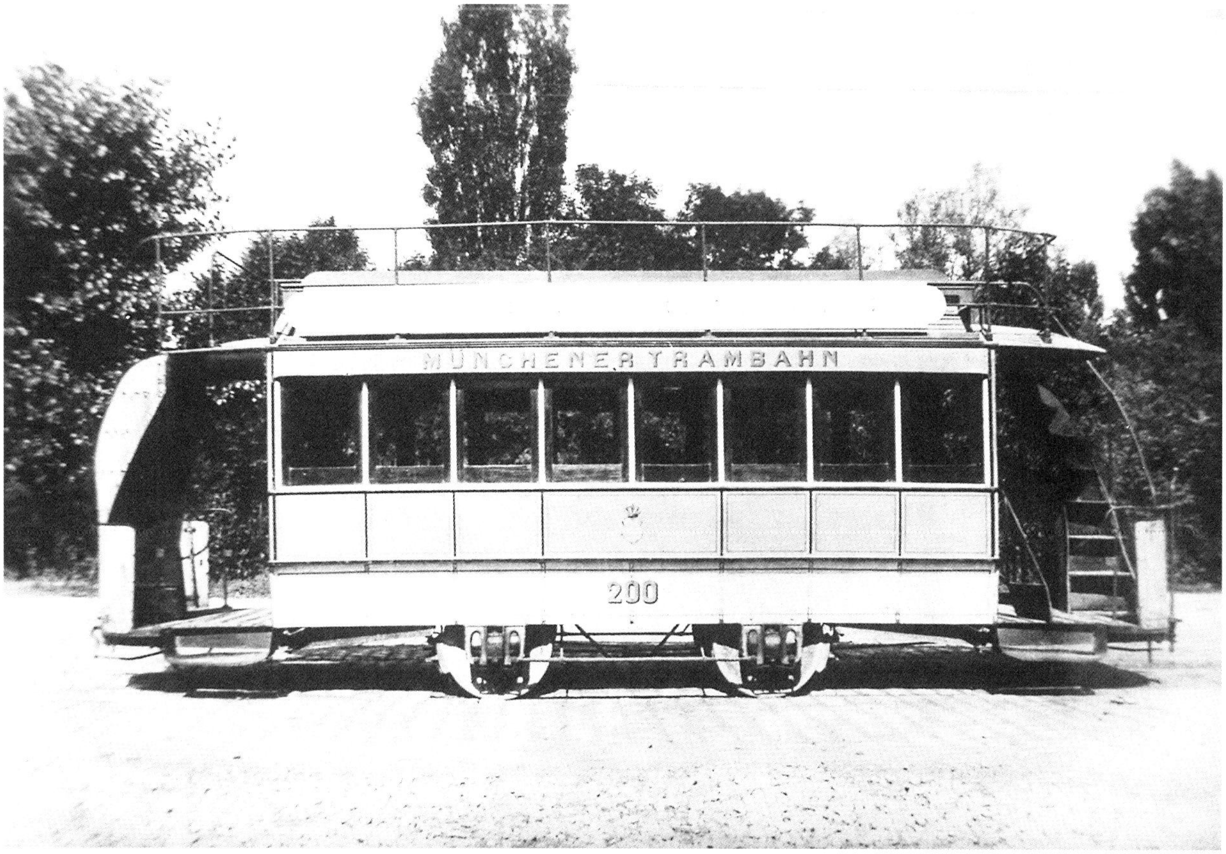

Wagen »Imperiale« der Münchener Trambahn«

Und dann, alle haben es gesehen:

Die Frau ist ihm wirklich mit dem Federbette über das Gesicht gefahren. So etwas tut man nicht. Der Mann selbst ist noch nicht fertig mit seiner Entrüstung. Er wirft einen unfreundlichen Blick auf die Frau aus dem Volke und einen sehr verächtlichen Blick auf das Bett.

Er sagt: »Überhaupt is dös a Frechheit gegen die Leut', mit so an Bett do reigeh'. Wer woaß denn, wer in dem Bett g'leg'n is? Vielleicht a Kranker; und mir fahren S' ins G'sicht damit! Sie ausg'schamte Person!« Einige murmelten beifällig.

Der Mann mit dem grünen Hute gerät wieder in Zorn. Er sagt: »Der Herr hat ganz recht. Mit so an Bett geht ma net in a Trambahn. Da kunnten ja mir alle o'g'steckt wer'n. Heutzutag, wo's viel Bazüllen gibt!«

Der Gemsbart auf seinem Hut zittert.

Alle Passagiere sind jetzt wütend über die Unverschämtheit der Frau.

Man ruft den Schaffner.

»De muaß außi!« sagt der Mann mit dem Gemsbart, »und überhaupts, wia könna denn Sie de Frau da einaschiab'n? Muaß ma si vielleicht dös g'fallen lassen bei der Trambahn? Daß de Bazüllen im Wag'n umanandfliag'n?«

Der Schaffner trifft die Entscheidung, daß die Frau sich auf die vordere Plattform stellen muß. Sie verläßt ihren Platz und geht hinaus.

»Dös war amal a freche Person!« sagt der Mann mit dem Gemsbart.

Der Herr mit dem Zwicker meint: »Eigentlich war sie ganz anständig. Nur mit dem Bette …«

»Was?!« schreit sein robuster Nachbar. »Sie woll'n vielleicht dös Weibsbild in Schutz nehma? Gengan S' außi dazua, wann's Eahna so guat g'fallt!«

Alle murmeln beifällig.

Und der Arbeiter sagt: »Da siecht ma halt wieda de Preißen!«

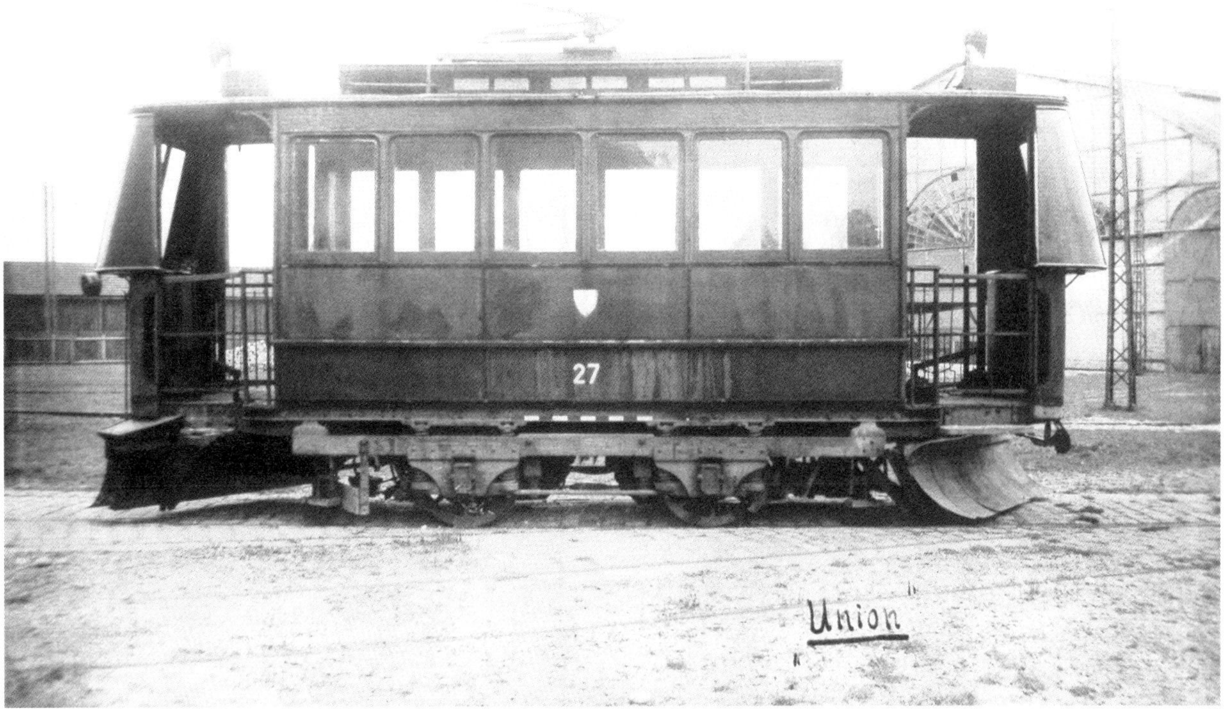

Schneepflug. Die ersten zwei wurden 1896 hergestellt

Ein kalter Wintertag.

Die Passagiere des Straßenbahnwagens hauchen große Nebelwolken vor sich hin. Die Fenster sind mit Eisblumen geziert, und wenn der Schaffner die Türe öffnet, zieht jeder die Füße an; am Boden macht sich der kalte Luftstrom zuerst bemerklich. Die Passagiere frieren, nur wenige sind durch warme Kleidung geschützt, denn der Wagen fährt durch eine ärmliche Vorstadt.

Da kommt ein Herr in den Wagen; er trägt einen pelzgefütterten Überrock, eine Pelzmütze, dicke Handschuhe.

Er setzt sich, ohne seiner Umgebung einen Blick zu schenken, zieht eine Zeitung aus der Tasche und liest.

Die anderen Passagiere mustern ihn; das heißt seine untere Partie. Die obere ist hinter der Zeitung versteckt.

Die größte Aufmerksamkeit schenkt ihm ein behäbiger Mann, der ihm gerade gegenübersitzt.

Er biegt sich nach links und rechts, um hinter die Zeitung zu schauen. Es geht nicht.

Er schiebt mit der Krücke seines Stockes das hemmende Papier weg und fragt in gemütlichem Tone:

»Sie, Herr Nachbar, wissen Sie, aus welchan Pelz Eahna Haub'n is?«

Der alte Professor Spengler fährt jeden Morgen gegen acht Uhr vom Großen Wirt in Schwabing bis zur Universität.

Er fällt auf durch seine ehrwürdige Erscheinung; lange weiße Locken hängen ihm auf die Schultern, und er geht gebückt unter der Last der Jahre.

Ein Herr, der auf der Plattform steht, beobachtet ihn längere Zeit durch das Fenster.

Er wendet sich an den Schaffner.

»Wer ist denn eigentlich der alte Herr? Den habe ich schon öfter gesehen.«

Anschluß der Lichtkabel beim »Kupplungsvorgang

»Der? Den kenna Sie nöt?«

»Nein.«

»Dös is do unsa Professa Spengler.«

»So? so? Spengler. M–m.«

»Professa der Weltgeschüchte«, ergänzt der Schaffner und schüttet eine Prise Schnupftabak auf den Daumen.

»Mhm!« macht der Herr. »So, so.«

Der Schaffner hat den Tabak aufgeschnupft und schaut den Herrn vorwurfsvoll an.

»Den sollten S' aba scho kenna!« sagt er. »Der hat vier solchene Büacha g'schrieb'n.«

Er zeigt mit den Händen, wie dick die Bücher sind. »So …. so?«

»Lauter Weltgeschüchte!«

»Ich bin nicht von hier«, sagt der Herr und sieht jetzt mit sichtlichem Respekte auf den Professor.

»Ah so! Nacha is 's was anders, wenn Sie net von hier san«, erwidert der Schaffner.

Er öffnet die Türe. »Universität!«

Professor Spengler steigt ab. Der Schaffner ist ihm behilflich; er gibt acht, daß der alte Herr auf dem glatten Asphalt gut zu stehen kommt. Dann klopft er ihm wohlwollend auf die Schulter.

»Soo, Herr Professa! Nur net gar z' fleißig!«

Er pfeift, und es geht weiter.

Der Schaffner wendet sich noch einmal an den Herrn:

»Alle Tag, punkt acht Uhr fährt dös alte Mannderl auf d' Universität. Nix wia lauta Weltgeschüchte!«

Am Odeonsplatz steigt eine Dame, die sichtlich Familienzuwachs entgegensieht, in die Straßenbahn ein – zufällig gleichzeitig mit einer anderen, der es genauso geht. Der Wagen ist voll, und beide müssen stehen. Der Schaffner bemüht sich mit Erfolg, der einen der beiden Damen einen Sitzplatz zu verschaffen. Als er jedoch die andere anscheinend nicht bemerkt und weiter das Geld kassiert, meint diese erstaunt und vorwurfsvoll: »Na, und ich? Meinen S', mich hat a Weps gestochen?«

Alix du Frenes

Oktoberabend 1901

An der Trambahnhaltestelle stand ein Paar. Die Frau trug ein Komplet aus dunkelgrünem Tuch mit Fuchsverbrämung; sie hielt den Schirm aufgespannt. Gabriele hatte ein ganz ähnliches Komplet neulich bei Auracher im Schaufenster gesehen. Ein kleines Schild war daneben angebracht: »Pariser Modell.« Pariser Modelle waren teuer. Gabriele lief auf und ab, weil ihr kalt war. Sie hätte sehr gut ihren Mantel anziehen können, aber an den hatte man schon dreimal einen neuen Besatz annähen lassen müssen; er sah nichts mehr gleich. Sie umschloß mit der Linken den kleinen Geldbeutel in der Blusentasche.

Der nächste Trambahnwagen kam vom Goetheplatz her. Die vordere Lampe war von einem ganz feinen Dunst umgeben. Der Herr und die Dame stiegen vor Gabriele auf die Plattform. Man fuhr noch nicht gleich weiter. Das kleine Rad über der langen Verbindungsstange war an den schwankenden elektrischen Drähten ausgerutscht; der Schaffner sprang ab und steuerte mühsam das widerspenstige Gestänge zurück an seinen Platz.

Es gab Leute, die behaupteten, mit den Pferden sei es schneller gegangen, wenn man die ständige Stangerlkalamität in die Fahrzeit mit einrechne.

Die Fensterscheiben waren beschlagen; es roch nach nassen Mänteln und nach dem Patschuli der Fuchsverbrämten. Gabriele rieb mit der Hand, in der sie das Trambahnbillett hielt, immer wieder die Fensterscheibe ab. Aber die elektrifizierte Innenstadt lag wie hinter einem Tüllvorhang.

Kurz vor der Haltestelle am Hoftheater mußte sie sich vordrängen. Eine Virginia brannte sie im Genick. Beim Aussteigen hörte sie noch die freundliche Erkundigung des alten Herrn, der hinter ihr gestanden hatte: »Hab i Eahna brennt, Fräulein?«

Nein, nein, sie hätte ganz und gar nichts gespürt, rief sie zurück, steckte die Hände wieder so tief es ging in die Blusentaschen und lief die Straße hinauf.

Sie zerknitterte das Trambahnbillett und ließ es fallen. Es fiel neben ein Kellergitter und blieb da liegen. Es war damit eigentlich wie mit allem: Alles fiel immer bis nah an ein Ziel heran und blieb dann liegen. Die Mama hatte eine Putzmacherei, die nicht schlecht ging, sie war sogar immer nah daran, ein großes Hutgeschäft zu werden, aber sie blieb trotzdem schon seit fünf Jahren auf dem gleichen Stand.

Vom Hotel »Vier Jahreszeiten« schaukelte eine heitere Gruppe von Damen und Herren über die Straße herüber. Die Frauen ähnelten zerzausten Hühnern. Gabriele blieb einen Augenblick stehen und preßte die Lippen aufeinander. Sie würde später immer in der Droschke fahren, wenn das Wetter schlecht sein sollte.

Arbeiten an der Oberleitung auf einem »Turmwagen«, Aufnahme am 1.3.1951

»Elektrische« in der Goethestraße um 1900

Katia Mann

Wie ich Thomas Mann kennenlernte

Thomas Mann hatte mich schon eine ganze Weile aus der Ferne und von »oben« beobachtet, bevor wir uns persönlich kennenlernten. Wenn ich ausging, war ich eigentlich immer von meinen vier Brüdern umgeben. Ich trat nie allein auf. Damals durfte ein junges Mädchen überhaupt nicht allein auf die Straße. Wir besuchten viele Gesellschaften und gingen sehr viel in Konzerte.

Es gab in München neben den schon bestehenden Akademiekonzerten im Odeon ein neues Konzertunternehmen, die sogenannten Kaimkonzerte, die das Musikleben in München erweitern sollten ... Mein Mann, der sehr musikalisch und immer musikliebend war und auch diese Konzerte regelmäßig besuchte, sah mich dort mit den Brüdern, beobachtete von oben die Familie, vor allem aber das Mädchen und fand wohlgefallen an ihm. So kannte er mich vom Sehen schon eine ganze Weile, aber ich kannte ihn nicht. (...)

Aber ... kennengelernt habe ich Thomas Mann überhaupt erst nach dem Abenteuer in der Trambahn. Ich fuhr, wenn nicht mit dem Rad, immer mit der Trambahn vor- und nachmittags ins Kolleg, und Thomas Mann fuhr auch oft mit der selben Bahn. An einer bestimmten Stelle, Ecke Schelling-/Türkenstraße, mußte ich aussteigen und ging dann zu Fuß, mit der Mappe unterm Arm. Als ich aussteigen wollte, kam der Kontrolleur und sagte: Ihr Billet!

Ich sag: Ich steig hier grad aus.

Ihr Billet muß i ham!

Ich sag: Ich sag Ihnen doch, daß ich aussteige. Ich hab's eben weggeworfen, weil ich hier aussteige.

Ich muß das Billet –. Ihr Billet, hab ich gesagt.

Jetzt lassen Sie mich schon in Ruh! sagte ich und sprang wütend hinunter.

Da rief er mir nach: Mach daß d weiterkimmst, du Furie!

Das hat meinen Mann so entzückt, daß er gesagt hat, schon immer wollte ich sie kennenlernen, jetzt muß es sein.

Aber wo? Thomas Mann überlegte, wie er es am besten anstellte, und wandte sich endlich mit seiner Bitte an das Ehepaar Bernstein ... Frau Bernstein, die unsere Bekanntschaft eifrig begünstigte und offenbar gerne ehestiftete – ich will nicht den stärkeren Ausdruck gebrauchen –, lud uns auch fleißig zusammen ein, und von da ab kannten wir uns gut, und die Sache gedieh so weit. Seit dem Abenteuer in der Trambahn war Thomas Mann entschlossen: Diese oder keine – ich habe das zunächst gar nicht so ernst genommen. Aber es kam eben doch dazu.

Hannes König

Das »Trambahnpfeiferl«

Fürs Leben gern wollte der Ignaz Lumberger schon in jungen Jahren zur Trambahn. Ja, wenn er halt auch wie andere Leut gewesen wäre, dann hätten s' ihn schon genommen. Seine Gestalt war etwas verschoben, seine Ohren übernatürlich groß, vielleicht wurden sie auch nur durch den zu großen Hut so herabgedrückt; aber seine Hände hatten ihre Fleischplattengröße schon von Geburt an. Wie gesagt, schon früh ging ihm die Trambahn im Kopf herum. In der Wirtsstube seines Vaters schob er Bänke und Stühle zusammen und »fuhr« mit den Gästen. Das Kassieren war ihm dabei weniger wichtig, es lag ihm mehr an der »technischen« Seite.

Und die hatte es ihm auch in späteren Jahren angetan. Er machte sich selber zum Fahrdienstleiter und hielt sich vom frühen Morgen bis zum späten Abend an verkehrsreichen Strecken und Knotenpunkten auf. Manchmal hatte er, bis es ihm ein gestrenger Herr der Direktion verbot,

Ignaz Lumberger, genannt »Das Trambahnpfeiferl«

Den Tod vor Augen.
Denn das Unglück schreitet schnell. Noch schneller aber sauste der Bretterwagen hinunter, auf dem wir zwei Schreinerbuben saßen und den Tod vor Augen hatten. Zum Glück war während dieser Wahnsinnsfahrt kein Fuhrwerk und keine Straßenbahn zu sehen. Unser Fahrzeug hatte sich zufällig in den Straßenbahnschienen verfangen, und sein Tempo wurde dadurch noch sehr beschleunigt. Wie die wilde Jagd brausten wir vom Bürgerkeller den Berg hinunter bis zum Ende der ersten Isarbrücke, wo heute der neue Museumsbau auf der Kohleninsel steht. Wäre gerade eine Trambahn gekommen, hätte meine Lehrzeit und sonstige glanzvolle Laufbahn ein vorschnelles Ende genommen. Aber mein Schutzengel hat auch diesmal seine Schuldigkeit getan.

Karl Valentin

Straßenbahnarbeiten mit »Schienentransportwagen«

eine blaue Mütze auf dem Kopf und – wohl die Hauptsache für ihn – eine Signalpfeife umgehängt. Mit dieser gab er nach der Art des Fahrdienstleiters, mit erhobenem Arm, den anfahrenden und abgehenden Trambahnen die Zeichen. Der hauptsächlichste Wirkungsbereich des Trambahnpfeiferls war am Gasteigbergl. Mit der Pünktlichkeit eines »echten« Trambahners und mit dem gleichen Verantwortungsbewußtsein ging er hier zum Gaudium der Passanten und des ihm wohlgesinnten Fahrpersonals seinem nie erreichten Berufe nach.

Daß ihm die Trambahner gut gesinnt waren, bewiesen sie bei der Beerdigung ihres »Kollegen«. Am 25. September 1903 trug man den 48 Jahre alten Wirtssohn Ignaz Lumberger im Südlichen Friedhof zu Grabe. »Unter den Leidtragenden«, so schreibt der Chronist, »befanden sich auch Trambahner in Uniform«.

Ludwig Thoma

Der Kohlenwagen

Ein großes, schwer beladenes Kohlenfuhrwerk fuhr auf dem Tramwaygeleise, als eben ein Wagen der elektrischen Straßenbahn daher kam.

Der Kutscher des Kohlenfuhrwerks sagte: »Wüst, ahö, wüst«, und fuhr so langsam aus dem Geleise, als wäre die elektrische Bahn nur eine Straßenwalze.

Er bewerkstelligte auch, daß er gerade noch mit dem hinteren Rade an den Wagen stieß. Das Rad brach, und der Kohlenwagen senkte sich krachend mitten in das Geleise.

»Du Rammel, du g'scheerter, kannst net nausfahren?« schrie der Kondukteur.

»Jetzt nimma, du Rindviech!« antwortete der Kutscher. Und er hatte ganz recht, denn eine Kohlenfracht kann man nicht auf drei Rädern wegbringen.

»Regulierungsarbeiten am Gleisbogen in der Inneren Wiener Straße«. Foto vom 12.10.1933

Der Kondukteur legte dem Fuhrmanne noch einige Fragen vor. Ob er glaube, daß er das nächstemal aufpassen wolle; ob er vielleicht *nicht* aufpassen wolle, und ob noch ein solcher dummer Kerl Fuhrmann sei.

Dies alles brachte den Kutscher nicht aus seiner Ruhe.

Er stieg ab und stellte fest, daß das Rad vollständig kaputt sei. Und da er infolge dieser Tatsache die Meinung gewann, daß sein Aufenthalt von längerer Dauer sein werde, zog er die Tabakpfeife aus der Tasche und begann zu rauchen.

Erst jetzt faßte er den Kondukteur näher ins Auge, und als er ihn genug besichtigt hatte, erklärte er dem sich ansammelnden Publikum, daß er *nicht* aufpasse, weder auf die Tramway, noch auf den Kondukteur.

Und dann lud er die Aktiengesellschaft, sowie deren sämtliche Bedienstete zu einer intimen Würdigung seiner Rückseite ein. In diesem Augenblick drängte sich ein Schutzmann durch die Menge und stellte sich vor den Wagen hin.

»Was gibt's da? Was ist hier los?« fragte er.

»A hinters Radl is los«, sagte der Kutscher.

»So? Das wer'n wir gleich haben«, erwiderte der Schutzmann, und ich glaubte, daß er ein Mittel angeben wolle, wie man dem umgestürzten Wagen am schnellsten auf die Räder hilft.

Der Schutzmann zog ein dickes Buch aus der Brusttasche, öffnete es und nahm einen Bleistift heraus, der an dem Deckel steckte.

Während er ihn spitzte, kam wieder ein elektrischer Wagen angefahren. Der Lenker desselben machte großen Lärm, als er nicht vorwärts konnte, und der Schaffner blies heftig in sein silbernes Pfeifchen.

»Was ist denn das für ein unverschämtes Gefeife? Wollen S' vielleicht aufhören zu pfeifen?« fragte der Schutzmann und blickte den Schaffner durchdringend an, während er den Bleistift mit der Zunge naß machte.

»Schienenstoß-Schweißung«, 1930

»So«, sagte er dann, indem er sich wieder zu dem Kutscher wandte, »jetzt sagen Sie mir, wie Sie heißen tun.«

»Matthias Küchelbacher.«

»Mat-thi-as Kü-chel-bacher. Wo tun Sie geboren sein?«

»Han?«

»Wo Sie geboren sein tun?«

»Z' Lauterbach.«

»So? In Lau-ter-bach. Glauben S' vielleicht, es gibt bloß *ein* Lauterbach? Wollen S' vielleicht sagen, wo das Höft ist? Tun S' ein bissel genauer sein, Sie!«

Inzwischen hatte sich die Menge, welche den Wagen umstand, immer mehr vergrößert.

Ein Herr in der vordersten Reihe untersuchte mit sachverständiger Miene den Schaden. Er bückte sich und sah den Wagen von unten an; dann ging er vor und faßte die lange Seite scharf ins Auge, und dann bückte er sich wieder und klopfte mit seinem Stocke auf die drei ganzen Räder. Und dann sagte er, es sei bloß eines kaputt, und wenn es wieder ganz wäre, könne man sofort wegfahren.

Die Umstehenden gaben ihm recht. Ein Arbeiter sagte, man müsse versuchen, ob man den Wagen nicht wegschieben könne. Er spuckte in die Hände und stellte sich an das hintere Ende des Wagens. Dann sagte er: »Öh ruck! öh ruck!« und schüttelte den Wagen, und spuckte immer wieder in seine Hände, bis ihn die Schutzleute zurücktrieben. Diese entwickelten jetzt eine große Tätigkeit. Sie gaben acht, daß die Zuschauer sich anständig benahmen und in einer geraden Linie standen. Das war nicht leicht. Wenn sie oben fertig waren, drängten unten die Neugierigen wieder vor, und deshalb liefen sie hin und her und wurden ganz atemlos dabei.

Noch dazu mußten sie acht geben, daß jeder Schutzmann, der hinzukam, seinen Platz erhielt;

Gleisbauarbeiten, 1930

wenn ein Vorgesetzter erschien, mußten sie ihm alles erzählen, und wenn ein neuer Tramwaywagen daherfuhr, mußten sie dem Kondukteur einschärfen, daß er nicht durch die anderen Wagen durchfahren dürfe.

Ich weiß nicht, wie die Sache ausgegangen ist, weil ich nach zwei Stunden zum Abendessen gehen mußte. Aber ich las am nächsten Tage mit Befriedigung in den Blättern, daß der Polizeidirektor, der Minister des Innern und unsere zwei Bürgermeister am Platze erschienen waren.

Julius Kreis

Das Metermaß

»So, Hansl, tua di brav zur Muatter hersetz'n« sagt die Frau in der Trambahn und nimmt ihren Buben auf den Schoß. Es ist kein Wickelkind mehr und kein Tragkind, es ist ein wohlgeratenes, so um die Schulpflicht herum stehendes Bürscherl.

Auf dem Schoß der kleinen Mutter nimmt er sich mächtig aus, die Leute sehen ein bißchen stirnrunzelnd darauf hin und ein Passagier murmelt mißbilligend: »A so a Mordstrumm Klachl!«

Das ist auch die Ansicht des Schaffners, der aber in seiner Eigenschaft als Beamter seine menschliche Meinung in sachlich-dienstliche Worte kleiden muß.

»Für den Buben da muß auch ein Fahrschein g'löst wer'n.«

»Waas? Für des Kind? Ausg'schloss'n! Da hab i no nia a Billett g'nomma, so lang i mit eahm fahr.« Die Mutter blickt starr und abweisend am Schaffner vorbei, so, als ob der Fall für sie erledigt wäre. Der Schaffner sagt als geschulter Psychologe, gütig und wohlwollend:

»Geh, Frau, des siecht doch jeder, daß der Bua an Fahrschein braucht.«

»Aber des siecht aa jeder«, sagt die Mutter, »daß des Kind no minderjährig is. Und wenn S' was von Ihrer Vorschrift verstenga, na wissen S', daß Minderjährige nix zahl'n müass'n. Vier Jahr werd er auf Weihnachten.«

Der Schaffner: »Vier Jahr oder vierzehn – des geht mi nix o ... Was über an Meter is, zahlt!«

Der Knabe: »Mami, i bin ja scho sechs Jahr alt ...«

Die Mami: »Red net so saudumm daher, – vieri werst!«

Der Schaffner: »Also, machen S' jetzt keine langen G'schicht'n mehr, Frau. Für den Buam müassen S' zahl'n! Der is weit über an Meter!«

Die Frau: »Des Kind werd an Meter ham! Des glaab'n S' ja selber net. Hab ja i nur an Meter achtafuchz'g.«

Der Schaffner: »Sehr einfach. Da braucht er si nur hinstell'n. Da is der Meter markiert an der Tür.«

Die Mutter: »Der braucht sie gar net hi'stell'n! Des woaß i besser, wia groß mei Kind is!«

Der Schaffner: »Tuat mir leid, nachher müass'n S' aussteig'n, Frau.«

Die Frau: »Wenn i mag, scho! Drei Jahr lang fahr i jetzt mit dem Kind scho auf der Trambahn und hob no nia zahl'n müass'n!«

Der brummige Fahrgast: »De kannt ja no zwanz'g Jahr damit umsunst fahr'n woll'n ...«

»Lastwagenkipper« der »Städt. Straßenbahnen«

Die Frau: »Eahna geht's überhaupts nix o! Sie schaug'n grad so aus. Mit dera Wamp'n nemma S' a' so zwoa Plätz ei.«

Der Schaffner: »Also, Frau, san S' vernünftig. Überzeug'n S' Eahna selber, daß der Bua mindestens an Meter zwanz'ge hat ...«

Die Mutter: »Des kann er gar net ham! Mei Marerl ham mir erscht neuli auf der Wies'n g'wog'n. De is um a Jahr älter und wiagt no koane vierz'g Pfund!«

Der Schaffner (energisch): »I fahr net weiter.«

Die Fahrgäste murren. Der Knabe verzieht das Gesicht zum Greinen. Ein alter Herr redet der Mutter gut zu: »... Geh'n S' zu, Frau, stell'n S' den Buben halt an das Maß hin, da is ja gar nix dabei.«

Die Frau (widerwillig nachgebend): »... Weil i no nia was zahlt hab dafür ...«

Der Hansl wird vom Schaffner an die Metermarke gestellt, unter der Anteilnahme aller Wageninsassen ergibt sich, daß er fast um Kopfeslänge darüber hinausreicht.

Die Mutter: ».... Wenn des a Meter is, der Strich da ...? Des möcht i scho bezweifeln, ob des a Meter is, des kloane Stückl! Unser Küchenkasten is genau an Meter hoch und der Bua, der siecht no lang net drüber.«

Der Schaffner: »Eahnan Küchenkasten könna ma net rei'stell'n. Also: Zahl'n oder aussteig'n.«

Die Mutter klaubt aus der Geldbörse die Fünferl heraus. »Aber des sag i Eahna, daß i mi bei der Direktion beschwer und in die Presse laß i's aa nei'setz'n. Allweil geht's an de Kloana naus. Des mit dem Meter ham aa wieder de Großkopfet'n ausdenkt. Und überhaupts, meiner Lebtag is der Bua koan Meter groß ...«

Die Frau ist geladen. Sie möchte jetzt gern so einen Großkopfet'n beim Krawattl haben, es kribbelt ihr nur so in den Händen. Aber weil keiner da ist, wendet sie sich ihrem Buben zu, der wieder auf ihrem Schoß Platz genommen hat, und nun kommt erst recht in

Gleisbauarbeiten in der Rosenheimer Straße, 1951

das Bewußtsein der Mutter, daß sie für den Buben gezahlt hat. Sie nimmt ihren Hansl energisch um die Taille und setzt ihn neben sich: »Da hockst di jetzt her! Zahlt is der Platz! Des gang mir grad no ab, daß i so a Mordstrumm Mannsbuid am Schoß sitz'n hätt …«

Hermann Heimpel

Auf dem Weg zur Geigenstunde

Wie es für einen Münchener Buben nicht zu verwundern ist, suchte er die Kunst in Schwabing, mit dem Geigenkasten in der Hand, darüber ordentlich die neue Notenmappe … Fast zehn Jahre lang ging oder fuhr er den neuen, bald so vertrauten Weg: durch die Barer Straße an den Elisabethplatz, oder durch die Türkenstraße über die Georgenstraße weg in die Friedrichstraße, über den Habsburgerplatz zum Ziel, Ainmillerstraße 40. Später, mit dem Jahre 1912 und dem Umzug der Eltern in die südliche, bahnhofsnahe Luisenstraße, benutzte der vielbeschäftigte Gymnasiast die Trambahn; dann lehnte der Geigenkasten in der Ecke der Linie siebzehn, und die unvergeßlichen Haltestellen, bei knapper Zeit mit ungeduldiger Fußspitze im Geiste vorausgenommen, ereigneten sich viermal in der Woche, zweimal hin, zweimal her, Dienstag und Freitag. Aus der dunklen, lädenreichen Augustenstraße wandte sich der Wagen nach rechts auf den Alten Nördlichen Friedhof mit seiner roten Mauer zu, um alsbald wieder die Nordrichtung zu gewinnen. Mit der Tengstraße war das neue Schwabing erreicht, die Augustenstraße weit hinten gelassen. Hier gab es kaum noch Läden (und dann Blumen und Delika-

Einbau eines »Einfachgleises« am 25.7.1932 am Maximilianeum

tessen), nur die großen Wohnkasernen der Wohlhabenden, viele in neuer Schlichtheit, manche im Schmuck jugendstiliger Karyatiden, alle in dem etwas faden Grau einheitlichen Bewurfs, doch Zeugen bequemen Wohnens, trotz frostig gekachelter Eingänge; von raschen Wohnungswechseln berichteten die weiß-dunkelblauen Anschläge der Maklerfirma Lyon. »Nächste Haltestelle Georgenstraße, steigt jemand aus?« Dann kam Hohenzollernplatz, in der Hohenzollernstraße gab es schon wieder Milchläden, Papierwaren und Bäcker, ja auf der Nordseite noch ein paar Häuschen vom alten Dorf Schwabing. An der Belgradstraße wurde ausgestiegen, und nach Überwindung eines Stückchens Römerstraße die Ainmillerstraße erreicht.

Weiss Ferdl

Ein Wagen von der Linie acht

Ein Wagen von der Linie acht,
Weißblau, fährt rasselnd durch die Stadt,
Kling kling, bim bam.
So fährt der Wagen schnell dahin,
Die Menschen, die im Wagen drin,
Die schauen gar grantig, niemand lacht
Da drin, im Wagn der Linie acht.

SCHAFFNER: Nächste Haltestelle Harras, Waldfriedhof umsteigen.

NERVÖSE FRAU: Bitt schön, Herr Schaffner, Max-Weber-Platz, muß ich umsteigen?

SCHAFFNER: Naa, erst am Stachus in die Linie 4 oder 19. Aussteign lassn!

WAGENFÜHRER: Aba Leut, laßts doch d'Leut naus!

MANN: Geh halt weg alter Depp!

JUNGER MANN: Dir gib i nacha glei an alten Deppn, Rotzlöffl, rotziger. A so a schwindsüchtigs Zigarettnbürscherl! Aa scho s' Maul aufreißn. I bin a alter Münchner Bürger, der vierzig Jahr seine Steuern und Abgabn zahlt hat, dös merkst da, du Rotzlöffl!

SCHAFFNER: Vorsicht, der Wagen ist besetzt!
Ein Wagen von der Linie acht,
(In die Mitte gehen!)
Weißblau, fährt rasselnd durch die Stadt,
(Noch jemand ohne?)
Kling kling, bim bam.
So fährt der Wagen schnell dahin,
Die Menschen, die im Wagen drin,
Die wackeln hin und her ganz sacht,
Da drin, im Wagn der Linie acht.

SCHAFFNER: Bavariastraße, steigt jemand aus?

MANN: Naa, aba nei möcht ma. Gehts halt weiter nei, sonst datritt i no oan! Da sitzt a jeder drin und liest Zeitung, als hätt er fünf Mark fürn Sperrsitz zahlt, und wir stehn a halbe Stund da und wartn, bis die Verdrußlinie amal kommt! Weg da, sapprament!

EIN HERR: A so a narrischer Kampl!

SCHAFFNER: Vorsicht, der Wagen ist besetzt!
Ein Wagen von der Linie acht,
Weißblau, fährt rasselnd durch die Stadt,
(In die Mitte gehen!)
Kling kling, bim bam.
(Noch jemand ohne?)
So fährt der Wagen schnell dahin,
(Sie Lümmel!)
Die Menschen, die im Wagen drin,
(Rindvieh!)
Die schaun sich bös an, sind verkracht,
(Affe!)
Da drin, im Wagn der Linie acht.
(Rhinozeros!)

SCHAFFNER: Ruppertstraße, Zoologischer Garten umsteigen.

NERVÖSE FRAU: Bitt schön, Herr Schaffner, Max-Weber-Platz, muß ich umsteigen?

SCHAFFNER: Naa, erst am Stachus! Aussteign lassn!

WAGENFÜHRER: Aba Leut, laßts doch d'Leut naus!

EINE FRAU: Bitt schön, ich möchte aussteign.

EIN MANN: Steign S' halt aus!

FRAU: Ich kann nicht!

MANN: Dann kann i Eahna a net helfn.

SCHAFFNER: Der Wagen ist besetzt!

FRAU: Ich will doch aussteign!

SCHAFFNER: Dös hättn s' Eahna früher überlegn müßn!

Ein Wagen von der Linie acht,
(In die Mitte gehen! – Dann komm ich wieder nicht naus!)
Weißblau, fährt rasselnd durch die Stadt,
(Bei der Endstation gehts dann scho.)
Kling kling, bim bam.
(Drücken Sie doch nicht so! – Ich drück ja net, da hintn druckns.)
So fährt der Wagen schnell dahin,
(Hast sie gsehn mit dö roten Fingernägl?)
Die Menschen, die im Wagen drin,
(Unds Maul ogstricha, da graust mir scho.)
Neipfercht als wie in einen Schacht,
(Lieber no a ogstrichns Maul, wia so a bissigs.)

»Ach bitt schön, Herr Schaffner, Max-Weber-Platz«

Da drin, im Wagn der Linie acht.
(Da helfn die Mandsbilder zamm, wenn's um so a Flitscherl geht!)

SCHAFFNER: Sendlingertorplatz! Umsteign in Richtung Thalkirchen, Fraunhoferstraße, Bogenhausen!

NERVÖSE FRAU: Ach, bitt schön, Herr Schaffner, Max-Weber-Platz, muß ich …

SCHAFFNER: Naa, am Stachus!

WAGENFÜHRER: Aba Leut, laßts doch d'Leut naus!

SCHAFFNER: Aussteigen lassen, erst die Plattform freimachen, rascher aussteigen! – Herrgott geh halt weiter, alte Rutschn, jetzt draht sie si no amal um, glei tritt i di nei ins Kreuz – Malefiz!

DAME: So spricht man doch nicht mit einer Dame!

SCHAFFNER: Dame? Auf der Trambahn gibts koa Dame! Naa da gibts nur Hammi!

MANN: Hö, warts a bissel, mir woin aa no naus! Drucka dö mit ihre Gipsköpf scho wieda rei!

SCHAFFNER: Vorsicht, der Wagen ist besetzt!
Ein Wagen von der Linie acht,
(In die Mitte gehen!)
Weißblau, fährt rasselnd durch die Stadt,
(Noch jemand ohne?)
Kling kling, bim bam.
(Ach Gott, ich krieg keine Luft mehr! – Dann gibst mir deine Lebensmittel-Karten!)
so fährt der Wagen schnell dahin,
(Vier hängen am Trittbrett.)
Die Menschen, die im Wagen drin,
Schaun gar nimma hin, wenn einer runterfällt)
Die haben sich nur in Verdacht,
(Der hat halt net zahln wolln.)
So sinds im Wagen der Linie acht!

SCHAFFNER: Stachus, Karlsplatz! Umsteigen in Richtung Hauptbahnhof, Pasing, Neuhausen, Marienplatz, Maximilian- und Ludwigstraße! Schnell aussteigen!

WAGENFÜHRER: Aba Leut, laßts doch d'Leut naus!

MANN: Kann ma ja net, wenn der Schiaba mit sein mordstrumm Rucksack dasteht!

ANDERER MANN: Dir gib i na glei an Schiaba, du Dreckhammi – i kumm von der Arbat. Glei hau i dir a solche runter, daß die der Teifi holt!

DAME: Nehmen Sie doch Rücksicht auf eine schwächliche Frau.

MANN: Schwächliche Frau – rennt mir glei an Ellbogn nei, daß mir alle Rippn kracha!

NORDDEUTSCHER: So watt jibts ja nur in Bayern.

MANN: Halts Maul, preißische Krampfhenna!

SCHWABE: Jetzt lassat mi naus, i muaß am Baahhof, sonst derwisch i mei Zügle nimmer. Lassat mi naus, lassat mi naus!

SCHAFFNER: Vorsicht, der Wagen ist besetzt!
Ein Wagen von der Linie acht,
(In die Mitte gehen!)
Weißblau, fährt rasselnd durch die Stadt,
(Noch jemand ohne?)
Kling kling, bim bam.
(Sie, lassen S'Eahna Nasntröpferl net grad auf mi nauffalln. – Hinauf ko ist net falln lassn.)
So fährt der Wagen schnell dahin,
(Fahrtberechtigungsausweis!)
Da schaut jetzt mancher gradaus drin,
(Zwei Mark!)
Ja feili, ha; dös war ja glacht,
(Dann steign S' aus.)
Jawohl, dös tua-r-i, gebn S' nur acht.
(Da muß i so raus.)

SCHAFFNER: Gabelsbergerstraße!

NERVÖSE FRAU: Bitt schön, Herr Schaffner, Max-Weberplatz, muß ich da raus?

SCHAFFNER: Jetzt is dö no da, i hab's Eahna do zwanzgmal gsagt: Stachus – bei der letzten Station hätten S' raus müassn!

NERVÖSE FRAU: Ach Gott, ach Gott, mich trifft der Schlag!

SCHAFFNER: Gut, dann bleiben S' sitzen bis zum Nordfriedhof. – Vorsicht, der Wagen ist besetzt!
Ein Wagen von der Linie acht,
(In die Mitte gehen!)
Weißblau, fährt rasselnd weiter durch die Stadt.

Die berühmte Wagnersängerin Marie Lehmann glich auch äußerlich einer Walküre. Als sie am Stachus in die Trambahn einsteigen wollte, hatte sie wegen ihres Umfangs große Mühe. »Vielleicht können Sie mich hineinschieben?« bat sie den Schaffner. Dieser sah sich die Dame an und meinte: »Alles auf oamal?«

Weiss Ferdl

Der Münchner Trambahnschaffnerin gewidmet

Ich fuhr von dem Marienplatz, zum Bahnhof Isartal
Da hab ich meinen Herzensschatz gesehn zum erstenmal.
Als Schaffnerin, fesch ausstaffiert stand wie ein Bild sie da,
Ihr Anblick hat mich so gerührt, ich fiel hinaus beinah.
Sie stützte mich mit zarter Hand und fragte süß: »Wie weit?«

Haidhauser Trambahnschaffnerin

Ich sprach von ihrem Reiz gebannt: »Ich bleib glei da für heut!«
Mein Herzensschatz, die Karolin, die nudelsaubre Schaffnerin,
Sie fährt auf Linie zehn, den Andrang müssens sehn!
Jedoch in ihrem Herzen klein, da fahr ich selig ganz allein,
Steig niemals um noch aus und fahr auf d' Nacht mit ihr nachhaus.

Rudolf Vonficht

»Sendlingertorplatz umsteigen!«

»Fahrscheine bitte! – Wer noch zugestiegen?« – »Einmal gradaus! – Macht zwanzig! Achtzig zurück!« »Einmal Thalkirchen! – Sendlingertorplatz umsteigen!« »Um a Zwanzgerl Harras, bitt' schön.« »Sendlingertorplatz umsteigen!« –

»Ja – Du Sendlingertorplatz!« Stelldichein von Ost und West, von Nord und Süd! Da kommens alle z'samm: die Radler, die Autos, die Fuhrwerk' und die Straßenbahnen; die Huberin aus Giesing mit'm Einkaufsnetz in der Hand, der Stift vom Eisenschütz, der Wagner Sepp vom Schlachthaus mit a halben Sau, und der alte Herr Kanzleirat vom Standesamt Drei in der Ruppertstraße.

Ein Kreuz von Straßen, ein Netz der Fäden, eine Ader des Verkehrs. – Pochend vom Pulsschlag der Stadt, kreisend in jedermanns Mund! –

Was mag der Brunnen dort im grünen Rondell, von Blumen blühend umweht, nicht alles schon erlebt haben im Ablauf der Zeit: Wohl der Kinder staunenden Blick, der Mädchen ersehnendes Glück, der Menschen Sorgen und Last, der Alten Herbst und Verzicht!

Und welche Variationen des Schicksals, der Freude, des Leides: die Mutter von Liebe erfüllt, der Professor von Formeln, Gesetzen, der Kaufmann von Zahlen, der Lehrling vom Traum einer Zukunft. –

Und das Mutterl im schlichten, weißen Haar? –

Ein Platz des Lebens, über den die Jahre rollen wie einst die Kutsche und das Hochrad, wie heute das Auto, die Straßenbahn, und morgen? – ach Gott, wer weiß, was morgen ist!

Es ändert sich das Neue; Tag für Tag, die Ro-

»Stationshaus« am Harras. Vor dem Zweiten Weltkrieg abgebrochen, 21.8.1925

sen blühen und welken, die Mädchen lieben und trauern, die Zeitungen erscheinen, – vergehen –.

Doch Du, vertrautes Sendlingertor, vom Moder der Zeit verschont – und Du schillernd springendes Naß: behütet, was Ihr umschließt: es ist ein Stückerl Herz von uns'rer Münchner Stadt!

»Fahrscheine bitte! – Wer noch zugestiegen? – »Hauptbahnhof Pasing! – Zwanzig! Achtzig zurück!« »Einmal Flughafen! – U-Bahn Sendlingertorplatz umsteigen!«

»Um a Zehnerl Vergnügungspark! – Hier Xaverl!« »Und Sie, Herr Nachbar? – Zum alten Peter!« – »Da brauchens nimmer umsteig'n! –«

Julius Kreis

Ein Vogel fährt mit der Trambahn

Die Frau mit dem blauen Schurz und dem Kübel war auf den feinen Herrn mit den weißen Gamaschen nicht gut zu sprechen. Sie rückte sich ostentativ in ihrer Ecke zurecht und schmetterte die Wagentüre zu. Dann schickte sie dem Herrn ein paar finstere Blicke nach, die an den weißen Gamaschen wie mit Widerhaken hängenblieben.

Die Frau sagte grollend: »De Leut san in an Ziaglstadl aufgwachsn, de ham koa Tür net daheam. Oder sie san si z'guat, daß sie's in d'Hand nemma! Derfst grad schö an Bortje macha ... Daß sie fei der a Boandl abbricht, wenn er d'Tür in d'Hand nimmt ...«

Der feine Herr sah die grollende Anklägerin erstaunt an, ward sich dann seines Vergehens bewußt und verbarg sich hinter einer Zeitung; denn er spürte: mit weißen Gamaschen und einem Uhrarmband am Gelenk ist man in einer schwachen Position, wenn die Stimme des Volkes spricht.

Vielleicht hätte die Frau mit dem Kübel noch einiges Scharfe und Bemerkenswerte über Tür auf und Tür zu geäußert, sie war ihren Blicken nach anscheinend auch nicht abgeneigt, Erscheinung und Charakter des Gegners einer kritischen Begutachtung zu unterziehen. Aber da nahm die Aufmerksamkeit der Wagengäste ein kleiner Disput zwischen dem Schaffner und einem alten Frauerl ganz in Anspruch. Nämlich: ob ein Vogel mit der Trambahn fahren darf.

Nach Gesetz und Bestimmung eigentlich nicht. Der Schaffner sagte: »Wo kummatn mir denn hi, wenn jeder mit sein Vogel oruckat. Mir san doch koa Vogelhäusl net.«

Man hätte ja gar nichts gemerkt; denn der kleine Käfig auf dem Schoß der Frau war in Tücher eingeschlagen und konnte ebenso eine Eierkiste sein oder ein Seifenpaket. Und der Vogel war auch bis zur vorletzten Haltestelle musterhaft ruhig gewesen. Dann durch ein plötzliches ruckhaftes Anfahren erschreckt, hat der kleine Kerl in seiner Angst zwei Piepser getan, gerade laut genug, daß sie von der Umgebung und auch vom Schaffner gehört wurden.

Die Frau sah mit verlegenem, schuldbewußtem und schon leise bittendem Gesicht zur bemützten Macht empor. Sie sagte: »Krank is er! Schaugn S' n nur o!« Und hob vorsichtig das Tuch vom Käfig hoch. – Da hockte der Kleine wie ein Federknäuel in der Ecke. Schnell und gejagt ging

Gleisbauarbeiten am Rindermarkt, 19.3.1934

das Brüstchen auf und ab, und die angeschwollenen Füße versuchten in matter, schwerfälliger Flucht einen kleinen Hupfer.

Also der Schaffner: »Wo kummatn mir denn hi ...« Aber er sagte es schon voll Nachgiebigkeit, sozusagen nur zur Wahrung des Dienstgesichtes. Die Straßenbahn war gegen die Endhaltestelle zu nicht allzusehr besetzt, der Kontrolleur nicht zu erwarten. Außerdem: vielleicht ist es gar nicht so sehr gegen die Verkehrsordnung, einen kleinen Kanari mitfahren zu lassen, auch wenn er keinen Maulkorb hat. Gegen die Endhaltestelle zu wird der Schaffner immer ein bißchen Mensch zu Mensch, lockert den strengen Beamtenpanzer.

Er neigt sich zu dem Käfig und sagt: »Wo fehlt's eahm denn? Wissen S', i hob aa oan dahoam. Ham mir vorigens Jahr vui Gfrett ghabt. Badn S' eam doch d' Fußerl mit Kamilln!«

Die Frau: »Alles hab' i scho probiert; aber er werd von Tag zu Tag weniger. Gel, Hansi, du kloaner Scheißer! Jetzt fahr i zu oan, den wo ma d'Nachbarin verratn hat. Der soi d'Vögel so guat wieder zsammrichtn. A alter Musiker is; an Vogldoktor hoaßn s' n.«

Die Frau mit dem Kübel gegenüber beugt sich vor, schaut um den Schaffner herum und sagt: »Ja, den kenn i, da genga S' nur mit mir, des is der alt Morasch; der wohnt zwoa Häuser weit von uns. Den hab' i scho vui lobn hörn ... A so a netts Vögerl und ganz derdattert is er. Aber der Morasch bringtn durch, wern S' sehng!«

»Fressn wui er halt gar nimmer und a so trüabe Augn hat er.«

Der feine Herr in der Ecke hat seine Zeitung zusammengefaltet und rückt näher. Er fragt, wie alt der Vogel ist. Er hat einen Papagei daheim. Ob nicht vielleicht feines Öl gut ist. Die Frau mit dem Kübel schickt wieder einen Blick zu dem Herrn. Diesmal ist der Blick frei von Schärfe und Bitterkeit. Sie sagt: »Da kann der Herr scho recht ham mit 'm Öl.«

»Kurvenschmieren« bei den Gleisanlagen am Odeonsplatz, 1937

Weichenstellerin in der Ludwigstraße

Der Schaffner: »Und nur koa Zugluft net. Mit Leinwand soll ma an Bodn auslegn. Des is kühl und net so hart wia Blech. A so a Vieh ko oan derbarma. Schaugn tut's wia a Mensch.«

Ein kleiner Bub sagt zu seiner Mutter: »Mami, schau, da ist ein Vogerl.« Die Mutter: »Ja, der is krank, Heini, guck nur, wie er im Eckerl sitzt.« Der Bub: »Der weint aber gar net.« Und dann die Frage, ob Vögerl weinen, wenn ihnen was weh tut. Die Mutter lächelt und streicht dem Kleinen über den Schopf: »Man sieht's halt nicht, Heini.«

Ein Mann mit braunen, rußigen Händen und einer Monteurmütze angelt in der Hosentasche und bringt ein Zuckerstückl zum Vorschein. Das steckt er mit seinen harten Fingern vorsichtig zwischen die Stäbe und pfeift ein paarmal, so sanft es geht.

Die alte Frau deckt ihren Hansl wieder zu. Man merkt, die Teilnahme ringsum hat sie zuversichtlich gemacht. »Gang mir vui ab, wenn er hi werat«, sagt sie.

An der Endstation verläßt alles den Wagen. Der Schaffner hilft der Frau beim Aussteigen und reicht ihr den Käfig hinaus. »Also probiern Sie 's amal mit Kamillntee.« Der Monteur sagt: »Kanari san zaach, de lassn net so bald aus.« Der kleine Bub: »... aber gel, Mami, wenn des Vogerl wieder gsund is, dann weint's nimmer ...« Der feine Herr gibt der Frau mit dem Käfig ein Zettelchen, da steht das Öl draufgeschrieben. Und er lupft höflich den Hut. Die Frau mit dem Kübel und die Frau mit dem Käfig gehen nebeneinander in der Richtung zum alten Morasch, dem Vogeldoktor. Und die Frau mit dem Kübel sieht sich nochmal nach den weißen Gamaschen um.

»Der muaß was Bessers sei«, sagt sie nicht ohne Anerkennung. »Des hab i scho oft ghört, daß a Öl so guat sei soll. Gschdudierte Leut wissen allerhand. – Sehng S', des Haus mit dem Gartl, da wohnt der Morasch.«

Die Trambahn bimmelt wieder der Stadt zu, und der Schaffner hat sein ernstes verschlossenes Stadteinwärts-Gesicht, mit einem scharfen Auge für jede Verletzung der Verkehrsordnung.

Weichenreiniger mit Schutzkleidung bei der Arbeit am Karlsplatz-Tor, 21.10.1957

Jules Huret

Sitten (1906)

Vom Prinzregenten von Bayern an, der täglich einige Münchener Künstler an seine einfach bestellte Tafel zieht, vom Prinzen Rupprecht an, der sich zu seiner Kartenpartie mit Malern und Bildhauern, seinen Freunden, in der Allotria einfindet, bis zu den Bürgermeistern, die ihre Maß Bier Schulter an Schulter mit Arbeitern, Kutschern, Straßenkehrern im Hofbräuhaus trinken, ist hier jeder stolz auf seine Natürlichkeit und Einfachheit.

Ich glaube daher auch, daß das, was man bayerische Gutmütigkeit nennt, dieses Patriarchalische der Sitten, die Zutraulichkeit des Volkes, diesen steten Kontakt der Klassen bedeutet. In Berlin sieht ein Trambahnschaffner während der Fahrt durch den Tiergarten wie eben ein prächtiger Baum umgehauen wird:

»Schade, daß man diesen Baum fällt«, meint er zu einem Fahrgast, der neben ihm auf der Plattform steht, sagen zu dürfen.
Der andere sieht ihn an und sagt kalt:
»Ich wünsche keine Unterhaltung mit Ihnen.«

»Hier«, sagte mir der witzige bayerische Schriftsteller Ludwig Thoma, »haben wir gerade das Gegenteil. Ein ehemaliger Soldat sitzt mit einem General in Uniform in der Tram. Er lächelt ihn an und leitet das Gespräch mit der Frage ein:

»Sie sind Offizier?«
»Ja«, erwidert der General.
»Und bei welcher Waffe stehen Sie?«
»Ich bin General der Artillerie.«
»Ah! Und wo?«
»Hier.«
»Ah! Ich habe bei der Infanterie gedient.«
»So! Und in welchem Regiment?«
Und so geht's weiter.«

»Trambahnschienenritzenreinigerin«

Eine ganz spezielle Münchner Frauenerscheinung darf nicht vergessen werden: die Trambahnschienen-Putzerin. Obgleich ihr Tagwerk sie an die Scholle, d. h. an die Schiene bannt, trägt sie doch ein hoffnungsfroh grünes Hütel über dem sturmharten Antlitz, gerade als wollte sie uns weis machen: »Ich komme vom Gebirge her!« Über ihre andern Äußerlichkeiten will ich lieber schweigen. Wer sie nicht gesehen hat, kann sich doch kein Bild von ihr machen. Aber sie hilft, wenn auch nur in bescheidenem Maße, den allerdings immer stockender werdenden Verkehr der Stadt zu bewältigen und darum soll neben andern glänzenderen oder bedeutenderen Münchner Frauentypen auch sie nicht vergessen sein.

Carry Brachvogel

Oder ein Trambahnschaffner, der vor der Universität einem berühmten Historiker beim Aussteigen behilflich ist, sagt lächelnd:

»Nicht so fleißig, Herr Professor, nicht zu fleißig.«

Dieser Demokratismus geht natürlich mit viel Freiheit Hand in Hand. Die bayerischen Sitten sind sogar sehr locker.

"Straßenbahn-Ritzen-Reinigungs-Resi"

Erster Weltkrieg und Rätezeit

»Der verkürzte Straßenbahnbetrieb macht sich stark fühlbar. Auch tagsüber sind infolge der größeren Wagenabstände die Wagen fast stets überfüllt. Das Einstellen von Frauen als Schaffner wurde seitens des Magistrats abgelehnt, weil man ein Überangebot an arbeitslosen Männern hat.«

Münchener Stadtanzeiger, 22.8.1914

Lena Christ

D' Wasserleitung!

In der Trambahn sitzen die Leut schon alle mehr tot als lebendig.

Und so oft einer aussteigt – eine Platz nimmt – immer dasselbe Schreckenswort: »Gellns – d' Wasserleitung! …«

Beim Hoftheater steigt eine elegante Dame ein.

Der Schaffner fragt nicht: »Wie weit, wenn ich bitten darf?« sondern sagt mit heiserer Stimme: »Guat Morgn, Frailein; – gellns dees is was, – d' Wasserleitung! …«

»Warum – was ist's mit der?« fragt die Dame erstaunt.

»Was? – Sie wissens net?« ruft der Schaffner entsetzt; »ja – ham Sie 's denn net ghört? – D' Wasserleitung ist vergift!«

Die Dame ist wie vom Blitz getroffen; durch den Wagen aber schallt's wieder laut und furchtbar ernst: »'s ganze Trinkwasser! … Tiffus … Cholera … Ziankali …«

In diesem Augenblick löst sich die Erstarrung

Erstmals werden während des Ersten Weltkriegs Frauen als Schaffnerinnen eingesetzt. Gruppenaufnahme im Hof der Straßenbahndirektion an der Einsteinstraße, 1917

»Straßenbahn-Lazarett-Wagen« im Zollamt an der Landsberger Straße während des Ersten Weltkriegs

der Dame, – sie schnappt etliche Male nach Luft – schreit auf – verfällt in Zuckungen – in Krämpfe – springt aus dem Wagen und rennt mit dem gellenden Ruf: »Hilfe! Ich bin vergiftet! – Ein Brechmittel!« in die Karmeliterapotheke.

In der Trambahn aber ein Aufseufzen: »Entsetzlich!«

Richard Rieß

Auf der Plattform

Es ist ein schöner Mai-Nachmittag, im Kriegsjahr 1918, und die Linie 3, die vom Bahnhofe in die Schwabinger Vorstadt fährt, hält, schon reichlich besetzt, am Stachus. Ein Herr will auf die hintere Plattform, auf der erst zwölf Fahrgäste schwitzen. Ein beleibter Fahrgast, der seinen Friedens-Schmerbauch gemütlich gegen die Schutzstange preßt und sich durch das Aufklappen beim Einsteigen belästigt fühlt, sagt: »Bsäätzt!« Darüber Erregung bei den sehr sozial denkenden Mitstehenden der hinteren Plattform.

Eine Dame im Kapotthut sagt sehr energisch: »Hot bequem no oans Plootz …« Das läßt der Draußenstehende sich nicht zweimal sagen. Er klappt die Stange energisch zurück und ist oben. Schweigen, drei Minuten lang. Dann sagt einer: »Überhaupts gheert si dees net, daß wer ›besätzt‹ sagt, wann no Plootz is.«

Wieder Schweigen. Man fährt schon den Maximiliansplatz entlang. Am »Café Luitpold« äußert ein dritter: »Bstimmungen! Dees i net lach! Ham si aufghört, die Malefix-Bstimmungen.« Die mit dem Kapotthute nickt: »A jeds will doch mit der Trambahn fahrn, net wahr? Mag doch neamd net lauf'n bei dera Hitzn, net wahr?«

Erst nach zwei Minuten, als man gerade am Odeonsplatz hielt, lachte ein anderer: »Soll doch

Abbildungen auf S. 57:
»Straßenbahn-Lazarett-Wagen« im Zollamt an der Landsberger Straße während des Ersten Weltkriegs

er laaf'n, der Herr Baron, wann eam zviel Leut mitfahrn, der nobliche …«

Der, den das angeht, schweigt. Denn alle Leute sind der Ansicht, er sei im Unrechte. Der aber, für den der Kampf entbrannt ist, bläst die Bausbacken auf und gibt Luft, prustend. Er fühlt sich populär. So kommt man bis zur Universität. Da sagt er endlich etwas. »D' Leut,« so sagt er, »d' Leut werdn allweil unverschämter … je länger daß der Kriag dauert. Dees is amal g'wiß. Warum sollt zum Beispiel jetzt i net mitfahrn, wo doch Plottz is grod gnua … net wahr? Nur wegern Schikanierer, net wahr? Aber da tean's si brenna, dö Herrn Schikanierer, dö …« Man schweigt, und so wird, scheinbar im Frieden, die Franz-Josef-Straße erreicht.

Auch die Hohenzollernstraße kommt. Hier muß der Herr, der vorhin »Bsätzt« sagte, absteigen. Er tut's. Als er auf der Straße ist, dreht er sich noch einmal um und ruft, dem Widersacher »Lackl« zu. Es ist das erste Wort, das er während dieser Fahrt gesprochen hat. »Lackl« sagt er. Die auf der Plattform hören's und reißen die Augen auf. Der, den's angeht, schweigt. Er ist schon fast am Schwabinger Bräu, der Endstation dieser Linie, da fragt er: »Was war denn nacha dees, was der Herr da zu mir g'sagt hat?« Die Kapottfrau fühlt sich in ihrem Elemente: »An Lackl hat er Eahna ghoass'n!«

»Sso!« stößt der Herr zwischen den Zähnen hervor. »I hätt beinah glaubt, daß er a Beleidigung gsagt hat …«

Monate gingen so dahin, und es war ein seidigblauer erster Sonntag im August, der sich über die Metzstraße und die bayrische Hochebene spannte. An diesem Nachmittag sagte in der Elektrischen der Linie 4, die zum Lenbachplatz fuhr, auf dem Perron ein Herr mit einem rotgegerbten Gesicht und hochgezwirbelten Schnurrbart zu einem andern, der genußvoll an seiner Havanna saugte: »In drei Wochen sind wir in Paris! Wie auf dem Parkett marschieren wir durch Frankreich!« »Und Weihnachten sind wir alle wieder zu Hause!« entgegnete der andere und entfernte mit einem gepflegten Daumennagel einen Tabakrest aus seinen Raucherzähnen.

Rudolf Fernau

Oskar Maria Graf

»Streik! Raus aus den Wagen!«

Christenmenschen predigten in Versammlungen, Nacktkulturanhänger verteilten ihre Kundgebungen, Individualisten und Bibelforscher, Leute, die den Anbruch des tausendjährigen Reiches verkündeten, und Käuze, die für Vielweiberei eintraten, eigentümliche Darwinisten und Rassentheoretiker, Theosophen und Spiritisten trieben ein harmloses Unwesen. Einmal nachts ging ich über den Stachus. Ein magerer Mensch schoß auf mich zu, steckte mir hastig einen Zettel zu und lief eilends in der trüben Dunkelheit weiter. Ich trat unter eine Laterne und besah den Wisch. Nichts weiter stand darauf als: »Der Jude spricht dazwischen! Deutsche, besinnt euch!«

Zu alledem stieg die Gärung in den Massen immer mehr. Die bürgerlichen Zeitungen erschienen wieder, aber der Zensurrat redigierte sie. Die sozialistischen Parteien bekämpften sich unablässig und mit größter Hitzigkeit. Im Hotel Wagner tagte eine proletarische Versammlung in Permanenz. Spartakisten und Unabhängige hielten dort ständig Reden, Mehrheitssozialisten wurden niedergeschrien. Resolutionen wurden abgefragt, Abordnungen zusammengestellt, die ihre Forderungen stets sofort dem Zentralrat im Landtag überbrachten. Ein fortwährendes Aus und Ein, ein dauerndes Hin und Her war es.

Einmal kam ich mit Schorsch wieder zu einer solchen Permanenztagung. Auf der Galerie standen wir. Ein energischer Matrose führte das Wort. Auf einmal zerteilten sich drunten die Massen, auf einmal brach der Redner ab, und durch eine erschreckte Menschengasse marschierte Polizeiwehr, ging vor bis zur Tribüne, erstieg sie und nahm darauf Aufstellung. Ein Trommler trommelte in einem fort, und die Soldaten richteten ihre Karabiner schußbereit in den Saal. Panisch erschreckt, rannten die Leute ineinander, jeder suchte sich hinter seinem Vordermann zu decken. Der Matrose fuchtelte und schrie. Ein Soldat schob ihn weg und schoß plötzlich in die Luft. Jetzt wurde es lebensgefährlich. Ein furchtbares Gedränge entstand. Schreie, Rennen, Trampeln, Brüllen und dazwischen gellende Klagerufe. Der wilde Men-

»Und alle Straßenbahnen hörten zu fahren auf.« Gleisanlagen am Haidhauser Johannisplatz, Aufnahme vom 21.10.1933

schenknäuel schob sich den Ausgängen zu. Wer nicht mitkam, wurde überrannt. Über die wüst um sich schlagenden Liegenden stampften die Fliehenden. Wir auf der Galerie stürzten entsetzt auf die Notausgänge und Fenster, drückten sie durch und bemerkten auf einmal drunten auf der Straße ebenfalls Polizeimänner, die auf uns heraufzielten. Ein unbeschreiblicher Schreck fuhr in alle, wieder jagten wir zurück, liefen über die Treppen hinunter und fielen wie ein durcheinandergeworfener Haufen auf den wirren Menschenknäuel. »Obacht! Ich bin tot!« jammerte jemand unter uns.

»Hilfe! Ich werd' zertreten! Hilfe!« schrie es unter meinen Füßen. Ich stemmte mit aller Kraft meine Ellbogen auseinander, drückte den Kopf in die Brust, schloß die Augen und warf die Leute um, stieß immer härter, bekam Hiebe auf Kopf und Buckel, stieß noch mehr, beugte mich und riß ein blutüberströmtes Mädchen hoch, das heulend meinen Hals umklammerte. Ich stürmte vorwärts, hörte und sah nichts mehr. Viele hatten meine Arme erfaßt und drohten mich mit meiner Last niederzudrücken, ich ließ die Arme sinken und mich weiterschieben. Das Mädchen hing an mir und schrie mich taub, ihre Backe lag hart auf meiner Backe, ihr warmes Blut rann mir in den Hals. So kam ich zum Ausgang. Da stand eine kleine Allee von Polizeisoldaten, die ließen jeden nur einzeln durchgehen. Jeder wurde abgegriffen, nach Waffen untersucht und weitergestupst. Einen solchen Stoß bekam ich, daß ich samt dem

In der Straßenbahn betet ein Pfarrer murmelnd sein Brevier. Neben ihm sitzt ein kleiner Bub. Plötzlich breitet sich Nässe auf der Bank aus, und der Pfarrer springt empört auf.
»Sie san selba schuld«, sagt die Mutter des Buben, »weil S' dauernd bsch-bsch-bsch gmacht ham!«

Herbert Schneider

Mädchen in den Dreck fiel. Einige Sekunden schleiften uns Vorangehende, endlich stand ich wieder und das Mädchen war weg. Alles glotzte und gaffte. Ich wischte mich ab und holte Atem. Um mich herum fuchtelten und schimpften die Leute auf die Polizeisoldaten ein.

»Deppen! Rindviecher! Was macht ihr denn!« plärrten alle.

»Wir sind doch Revolutionäre! Warum schießt ihr auf uns?!« bellten wieder welche.

»Geht heim! Sauhunde! Idioten!« zeterte wieder ein anderer.

»Wer hat euch geschickt? Was, der Staimer?! Der Verräter! Laßt euch nicht mißbrauchen! Geht heim! Zieht ab! Schießt lieber die Gegenrevolutionäre nieder!« hallte es durcheinander. Und – es war fast komisch – auf einmal wurden die Polizeitruppen leger, ließen die Gewehre sinken und redeten mit den vorderen.

»Ja no, mir sind nicht gegenrevolutionär! Es hat geheißen, hier gibt's einen Putsch … Nachher gehn wir halt wieder«, hörte ich, und die Soldaten gingen zusammen und zogen ab.

Hinter ihnen her marschierten wir in dichtem Haufen dem Stachus zu. »Zur Luisenschul' um Waffen!« hieß es »Sofort Streik!« brüllte ein anderer. »Zum Zentralrat!« schrien andere. Die Trambahn surrte heran. Sie wurde aufgehalten. Im Nu war ein Kletterer auf dem Dach und riß die Kontaktstange heraus. Der Wagen stand, der andere ebenso. »Streik! Geht heim! Raus aus den Wagen!« brüllten alle und jeder. Die Trambahnführer rissen gemütlich ihre Lenkhebel heraus, stiegen herunter vom Wagen und gingen heim. »Uns ist's gleich, mir streiken schon«, brummten sie.

»Strecken-Fahrkarte« aus dem Jahre 1918

Ricarda Huch

»Wenn die Elektrische gegangen wäre«

Auf der Ludwigstraße fanden wir lebhafte Bewegung: Spaziergänger, wie man sie an so schönen Tagen zu sehen pflegt, Neugierige wie wir, vor allen Dingen Proletarier in großer Menge. Sie waren augenscheinlich zu einem kleinen Demonstrationszug geordnet, wie man solche seit der Revolution häufig zu sehen bekommt. Es fällt jedermann auf, daß man unter ihnen Gesichter sieht, die man sonst nicht sah: böse, unmenschliche, gefahrdrohende. Kamen sie früher aus ihren Höhlen nicht in die eleganten Viertel? Oder haben Krieg und Revolution fast vergessene Masken von den Gesichtern gelöst? Sie sehen unsereinen mit unverhohlener Drohung im Vorübergehen an, sie machen wüste Bemerkungen, die wir verstehen können und auch verstehen sollen. Man mag sie bemitleiden; aber Grauen flößen sie ein. Vielleicht wäre die Stimmung doch nicht so unheimlich gewesen, wenn die Elektrische gegangen wäre. Es ist unbeschreiblich, wie das Aufhören dieses sonst nur des Nachts ruhenden Geräusches den Charakter des großstädtischen Organismus verändert. Es ist wie das Atmen eines ungeheuren Geschöpfes, das zu verenden scheint, wenn der schnarchende Atem nicht mehr geht. Ein ängstliches Gefühl ergreift einen unwillkürlich; die Stille hat etwas von der seltsamen Stille vor dem Erdbeben, in der man die bangen Vögel zirpen hört. (…) Die Ahnung drängte sich uns auf, daß die Kugel, die Eisner traf, eine neue Epoche der Revolution eingeleitet hatte.

Josef Hofmiller

»In der Straßenbahn feindliche Stille«

Ausschnitte aus dem »Revolutionstagebuch«

20. August 1918:
Ich gehe, wenn irgend möglich, zu Fuß, denn die Atmosphäre in der Straßenbahn, im wirklichen und übertragenen Sinn, ist erstickend. Schon der Zustand der Wagen. Lauter Eisenteile anstatt des Messings, alles verbeult, die Farben abgeblättert, alles schwarz, verrußt, verwahrlost. Die Fahrgäste schauen sich gegenseitig mißtrauisch und giftig an. Dabei, wie hübsch und blitzblank waren unsere Wagen vor dem Krieg.

1. November 1918:
Gestern in der Tram bemerkt, daß in allen Wagen kleine Zettel angeklebt sind: »Nehmt Rücksicht auf die Kriegsverletzten!« Auch ein Armutszeugnis für uns, das beschämend ist. Ich glaube nicht, daß in Frankreich, England, Italien, Japan ein solcher Zettel angeklebt werden müßte. Sind uns die anderen in dem, was man so allgemein menschliche Höflichkeit nennt, nicht wirklich überlegen? In den kleinen, oft nicht einmal als Herzlichkeit gemeinten, aber doch als Herzlichkeit empfundenen Liebenswürdigkeiten des Verkehrs zwischen Mensch und Mensch, in der »politesse du coer«.

14. November 1918:
Die öffentliche Stimmung ist sehr gedrückt. Keine Spur mehr von Hoffnung. Die Menschen trauen einander nicht mehr. In der Straßenbahn wieder die finstere, feindliche Stille. Kein Witzwort fällt. Die Leute sind aufeinander gereizt. Einer möchte den andern aushorchen.

18. November 1918:
Hier in München wird von manchen Schaffnern, besonders Schaffnerinnen, statt ›Hindenburgstraße‹ wieder ausgerufen: »Landshuter Allee«, wenn diese Haltestelle der Linie 1 und 4 kommt, da sich fast regelmäßig Fahrgäste über den Namen Hindenburg aufhalten. Als dies neulich im Lehrerzimmer erzählt wurde, bemerkte einer nur: »Ach der geschwätzige Greis«. (…)

Von der Schule heute mittag in der Straßenbahn mit zwei Soldaten gefahren, die von der Front kamen; beide von ihren Frauen abgeholt. Sie schrien, schimpften entsetzlich. Als ich abends heimging, sah ich im Finstern, wie ein Soldat einen kleinen Jungen schlug, weil er eine Handvoll dürres Laub gegen einen Straßenbahnwagen geworfen hatte. Ich ließ mich mit dem Soldaten in ein Gespräch ein, und er äußerte sich rabiat über die Verwilderung der Jugend. Die verwilderten Väter sind ja sehr geeignet, diese verwilderte Jugend zu erziehen.

22. Dezember 1918:
Ein Tag so trüb und grau wie der andere. Die Auslagen ausgeräumt, weil die Ladeninhaber fürchten, sonst werden sie ausgeplündert. Keine Beleuchtung, keine Reklame … Aus den stoßenden und scheppernden Straßenbahnen, der Kohlennot wegen, nur ein gespenstisches, bläuliches Licht; darin schwarz Kopf an Kopf, das sind die glücklichen, die sitzen, und Rumpf an Rumpf: die Leute, die froh sind, wenigstens stehen zu können. Dazwischen zwängt sich der Schaffner durch, der kaum die Fahrkarten und das Papiergeld unterscheiden kann. An den Haltestellen kleine Volksversammlungen, die die überfüllten Wagen finster schweigend vorbeilassen.

24. Januar 1919:
Das Aussehen unserer Stadt und unserer öffentlichen Einrichtungen ist ungeheuer verkommen. Seit vier Jahren kein Haus heruntergeputzt, keine abgebröckelte Fassade erneuert; das Straßenpflaster unglaublich verwahrlost, voller Löcher, die Wagen der Straßenbahn nicht mehr gefirnißt, abgestoßen, die Farbe abgeblättert, die Metallteile verbeult, die Messingteile durch verbeultes Eisen ersetzt, und was hatten wir für blitzblanke Wagen!

17. April 1919:
Vormittags war ich bei L. in der Bayerstraße. Da sieht es bös aus. Von der Wirtschaft »Zum Weißen Bräuhaus« an bis zur Ecke gegen die Paul-Heyse-Straße hat fast jede Auslage Schußspuren. Bei vielen ist nicht nur das Fenster, sondern auch noch die Rückwand der Auslage durchlöchert. Im Erdgeschoß sind viele Löcher von den Maschinengewehren, auch in den oberen Stockwerken, doch weniger. Jetzt ist es schon Donnerstag, und wir haben seit Sonntag keine Zeitung und keinen Trambahnverkehr mehr.

21. April 1919:
Die Nacht ist ruhig verlaufen; das Wetter schön, aber etwas rauh. Die Trambahn geht und man empfindet dies als Sinnbild des ordentlichen Zustandes. Die Trambahnen sehr mäßig besetzt, was für einen Ostermontag unerhört ist.

2. Mai 1919:
Heute früh war alles ruhig, zu ruhig. Keine Straßenbahn, kein Bäcker in unserer Nähe hat offen, auch kein Milchgeschäft. Es ist keine Milch gekommen. Sehr bald nachdem ich zu schreiben angefangen hatte (1/2 8 Uhr), begann die Schießerei, die jetzt (3/4 9 Uhr) noch anhält. Es wird in unserer ganzen Umgebung geschossen, besonders auf dem Johannisplatz, in der Gegend der Straßenbahndepots in der Äußeren Wiener Straße und auch weiter weg. Regierungstruppen … halten jeden Vorübergehenden an, durchsuchen ihn nach Waffen, verlangen Passierschein.

»Durchfahrt« am »Alten Rathaus«, Aufnahme vom 7.5.1935

Die Jahre nach dem großen Krieg

A Trambahn, des is scho a nützliche Sach,
da zahlt ma a Zehnerl und lauft hinten nach

Hermann Heimpel

Als Gefangener mit der Tram zum Amtsgericht in der Au

Für ein paar Tage stellte die Batterie auch die Wachen im Franzl, dem Militärgefängnis. Das Gefängnis stand gegenüber den Ställen der Max-II-Kaserne an der Ecke der Leonrod- und Artilleriestraße. Zu dieser zeigte die Front des gelblichweißen, in ludovicianischem Stil erbauten Kriegsgerichtsgebäudes. Hinter ihm ragten, parallel zur Leonrodstraße, die drei Strafhäuser in die Höhe und bildeten zwei Spazierhöfe. Von den Gefängnissen durch Weg und Rasen getrennt, stand an der Leonrodstraße ein braunroter Ziegelbau, das alte Kadettenkorps; jetzt wohnten dort die Aufseher mit ihren Familien, auch war hier das Wachlokal.

Erhard hatte heute die Runde von zwei Uhr bis vier Uhr nachts, zusammen mit Bernhard Zoelch, der katholischer Priester werden wollte und der in Grub und Niederpöcking die Stücke von Ludwig Thoma »nacherzählt« hatte. Die Kälte des geahnten Morgens legte sich auf die Mauern, die Gitterfenster, die verbretterten Dunkelzellen des Gefängnisses. Die Nagelstiefel trappten um die schlafenden Mauern, an den hohen Staketenzäunen vorbei, die Posten hatten sich zu begegnen. Erhard nickte dem Bernhard zu, der Stahlhelm war zu groß, der Riemen zu lang. Bernhard grinste durch seine Brille so freundlich, als erzählte er die »Lokalbahn« oder als lernte er den Vortrag über die Jungfrau von Orléans auswendig, den ihm Erhard einst gemacht hatte. Dann ist er vorbei, Erhard ist wieder allein mit Mauern, Gittern, kalter Luft. (...)

Die Wache beim Hofspaziergang ist besser: Manche Mauern haben Sonne. Der Hof wimmelt von Gefangenen, Erhard steht an der Tür, das Gebäude im Rücken. Er hat zwei Handgranaten, aber was in aller Welt könnte ihn veranlassen, mit ihnen ein Blutbad anzurichten? Er hat einen geladenen Karabiner, fünf Schuß. Aber was in aller Welt könnte diese vielen Männer hindern, ihm das Gewehr wegzunehmen. Doch bleiben die Männer friedlich. Nur einer könnte frech werden, ein Chevauleger. Er spielt mit seinen gestiefelten Beinen, die Ulanka hat er offen, er ist ja ein Roter, aus dem Kragen quillt, o Graus, eine Zivilkrawatte.

»Sie bringen einen Gefangenen zur Verhandlung in das Amtsgericht München II, Maria-Hilf-Platz, der Mann steht marschfertig.«

Es war der Chevauleger. »Gehen wir«, sagte Erhard nicht sehr militärisch. Aber er hatte wenig Grund zur Sicherheit, da er den Weg nicht wußte. Wichtiger als der Weg war zunächst die Würde, bis der Chevauleger sagte: »Du, wo gehen wir eigentlich hin?« »An den Maria-Hilf-Platz, Amtsgericht München II.« »Aber das ist doch in der Au, so kommen wir nie hin, wir müssen doch über die Isar. Du, wir fahren mit der Trambahn.« »Gut, wir nehmen den Vierer.« »Du, der Einser wäre besser, da müssen wir nur einmal umsteigen.« Wo? denkt Erhard und sagt: »Ach so, richtig, fahren wir mit dem Einser.«

Jetzt stehen sie auf der hinteren Plattform des Triebwagens, die Trambahn ist voll. Stiglmayerplatz. Bahnhof. Stachus, der Gefangene schaut hinaus. Erhard spielt am Gewehr herum. Ja, der Sicherungsflügel steht schon rechts, ich könnte abdrücken, tu's lieber nicht. Ich könnte den Flügel auch ruhig auf die Mitte drehen, da wäre immer noch gesichert. Und einen Augenblick nach links, wenn ich nur nicht abdrücke. Ich laß es lieber. Wenn mir jetzt der Schuß losginge! Die Scherereien! Dann fehlt mir die Patrone, ich habe die Trambahn beschädigt, mein Gefangener läuft fort, es ist ja Panik, vielleicht eine neue Revolution. Bleib nur rechts, Flügelchen. »Du, wir steigen um«, sagt der Chevauleger am Sendlinger-Tor-

Trambahn auf der Ludwigsbrücke, Vier Postkarten

Münche… Neubau der Ludwi…brücke …it …tschem Museum (Bibliotheksbau)

Demonstrationszug durch München gegen das Mitnahmeverbot von Hunden in der Tram, Juli 1928

Platz, »in den Siebener.« So kommen sie ganz gut hin, und Erhard weiß fürs Leben, wo der Maria-Hilf-Platz und das Amtsgericht München II ist. Der Chevauleger verabschiedet seinen Wächter freundlich, den Heimweg findet Erhard jetzt allein.

Anonym

»Büromenschen haben kein Verständnis«

Geh'n wir lieber wieder zurück zum eigentlichen Thema. Du bist also eben dem Zug entstiegen, wirfst noch einen dankbaren Blick auf die schöne Lokomotive – auch ein Münchner Kind, aus Maffei's Fabrik. Wir gehen zwischen den Wartesälen durch und kommen in eine Vorhalle, das ist die ursprüngliche, alte Einfahrtshalle. Da stand früher eine Sehenswürdigkeit, der Bahnhofportier. Stand da wie ein Monument, in den Landesfarben weiß und blau angestrichen, unbeweglich, keine Miene verziehend, voll Würde. Auf die Frage um den nächsten Zug nach Dachau und nach Einwurf eines Zehnpfennigstücks kam Leben in das Monument. Ein wuchtiger Arm erhob sich wagrecht, wie ein Eisenbahnsignal ging er in die Höhe und wies in die Richtung, in welcher der betreffende Wandfahrplan angeschlagen war, und die Sache war erledigt.

Wir treten ins Freie. Da rennt ein Ankömmling nach dem letzten Auto, das dort steht. Wenn er Glück hat, kann er gerade noch – sehen, wer schon drinsitzt, um fortzufahren.

Wollen wir nicht mit der Straßenbahn fahren? Die ist eben weggefahren. Dort biegt sie um die Ecke. Das macht sie nämlich immer so, besonders an den Umsteigeplätzen. Es fehlt immer gerade

Gemälde: Wilhelm Heise, Der Stiglmeierplatz, 1935, Öl auf Holz

um eine halbe Minute! Wie oft haben wir schon Eingaben an die Direktion gemacht, sie möchte doch alle Abfahrtszeiten um eine Minute verzögern, die Ankunftszeiten der Wägen aber lassen wie bisher – umsonst. Diese Büromenschen haben kein Verständnis. Also geh'n wir zu Fuß, grad extra. Ist auch kein reiner Genuß, mit der »Trambahn« zu fahren. Als nach dem Krieg Wagenmangel war, tat man alles Mögliche, um den Leuten das Fahren abzugewöhnen: wöchentliche Steigerung der Preise; Anbringung von Plakattäfelchen an den Fenstern, die fortwährend zitterten und schaukelten und klapperten und auch den Stumpfsinnigsten nervös machen sollten – umsonst. Die Anhängewägen (die sog. »Rückgebäude«), wurden so gerichtet, oder nicht gerichtet, daß es ordentlich stieß und rasselte und klirrte – half auch nichts. Der Städter, das Gewohnheitstier, schimpfte – und fuhr doch wieder. Jetzt ist's übrigens besser, bis auf die Preise. Wenn Du aber mal

München. Maximilianeum und Maximilien-Brücke.

fährst, lasse Dich ja nicht hinreißen, dem Schaffner ein Trinkgeld zu geben! Er läßt Dich womöglich verhaften wegen Beamtenbeleidigung. Während der Fahrt gibt's allerlei Kurzweil, wenn z. B. das »Radl aussihupft«, d. h. wenn das Rädchen der Kontaktstange lustige Seitensprünge macht, was öfters vorkommt.

Ernst Penzoldt

Diogenes in München

Die Frage, ob Gott Humor habe, ist müßig. Denn er hat den Menschen geschaffen. Und der Mensch ist komisch (die Leser dieser Zeilen ausgenommen). Wer jemals unbefangenen Gemütes zum Beispiel in der Straßenbahn fährt, irgendwo auf der Welt, etwa in München, und, als säße er im Theater, die Mitreisenden auf der Bank gegenüber betrachtet, der wird zugeben, daß Schillers Satz von der Schaubühne als moralischer Anstalt auch auf die Wanderbühne der Trambahn anwendbar ist. Auf dieser Bühne freilich sind die Fahrgäste vice versa Darsteller und Publikum zugleich. Es ist manchmal recht traurig, was man da zu sehen bekommt, aber das Wort des griechischen Weisen: Der Mensch ist an sich schon ein hinreichender Grund zur Traurigkeit – läßt es sich nicht mühelos umkehren?

Das hübsche muntere Mädchen mit dem Goldfischgesicht (man wird es hierzulande wohl am treffendsten schlechthin als »Popperl« bezeichnen) schien jedenfalls zu finden, daß der Mensch ein hinreichender Grund zur Belustigung sei. Es ließ seine Augen in der Runde umherspazieren, und man sah es ihnen an, daß es sich dabei ganz köstlich unterhielt. Noch gelang es der Kleinen, sich zu beherrschen, aber obwohl sie sich auf die Lippen biß, schließlich platzte sie doch heraus.

Der Fahrgast Diogenes war der Anlaß ihrer kindlichen Heiterkeit. Ich nenne ihn so, weil ich mir denken könnte, sein geistiger Ahne, der Weise in der Tonne, habe von ungefähr so ausgesehen, lang und hager, haarig und bärtig wie dieser ernste, würdige Greis, der mit Kneippsandalen beschuht, mit einem grauen geschürzten Wams bekleidet, barhäuptig, ungeschoren, die Straßenbahn bestieg, als wäre sie ein Ozeandampfer. Er hatte etwas Hinterwäldlerisches, seine mit geflochtenen roten Riemen gebundene Ledermappe wirkte indianisch. Der Volksmund pflegt solche Erscheinungen, die einem naturgemäßen Lebenswandel huldigen, gemeinhin Kohlrabi-Apostel zu nennen. Mir erschien er wunderlich, aber nicht komisch. Nach dem Spruch: omnia mea mecum porto trug er offenbar all das Seinige mit sich, in der vorerwähnten Mappe, einem Einkaufsnetz, einem umgehangenen Beutel, ja selbst in dem Bausch seines gegürteten Wamses. Ich fand, daß er sich auf dem Weg zurück zur Natur eigentlich recht abzuschleppen hatte. Außerdem trug er, doch ein Opfer der Zivilisation, eine Brille, ja er hatte noch eine zweite in Reserve bei sich, eine Nahbrille zum Lesen vermutlich. Ein professoraler Waldmensch also, sicher eine unmilitärische Erscheinung, meinetwegen ein sonderbarer Heiliger, aber durch seine Würde nicht lächerlich.

Man muß gerecht sein. Der junge Leutnant in seiner Tarnbluse aus grün, braun und grau gesprenkeltem Zeltbahnstoff, hatte nicht auch sein Gewand etwas von naturgemäßem Lebenswandel trotz des gewissen verwogen-kriegerischen Schicks, dem zuliebe er sie vermutlich auch mitten in München trug. O über die Eitelkeit der Männer, vieler Künstler vor allem! Wie pflegen, ja hätscheln sie doch ihren »Stil« in Kleidung, Haar- und Barttracht! Hochgeschlossene Westen trägt der eine, langes Haar und eine reizvoll-altmodische, etwas saloppe Pianistenkrawatte der andere, dieser vergißt nie beim Rasieren die aparte Form seines Spitz- oder Stutzbärtchens oder der Koteletten auszusparen, und jener trägt stets eine bestimmte Art von Hut, um auszusehen, wie man ihn kennt. Auch der alte Diogenes, auch er, so dachte ich bei mir, kokettierte mit seiner sprichwörtlichen Anspruchslosigkeit. Warum auch nicht!

Der Anblick des neuen Diogenes in der Straßenbahn aber war es, der das lose Mädchen lachen machte. Es war ganz gewiß nicht bös gemeint. Ich verglich insgeheim die beiden. Beide hatten nackte Beine. Das ist längst nicht mehr

Abbildungen auf S. 68:
Auf der Maximilien-Brücke. Postkarten

Trambahnhaltestelle vor dem Rathaus am Marienplatz

komisch. Gewiß, die Tracht des Alten war ungewöhnlich, rübezahlhaft. Aber wirklich komisch sah nun das Mädchen aus. Es setzte sich nämlich eine Brille auf das etwas aufgeschnupfte Näschen, eine dunkle Sonnenschutzbrille mit hellgrünem Gestänge!

Ich weiß nicht, ob es unser Diogenes wahrgenommen hat, daß das Mädchen sich über ihn lustig machte. Vielleicht verachtete er die Welt. Ich hätte so gern Humor bei ihm entdeckt. Weisheit ohne Humor kann ich mir nicht vorstellen. Sokrates, der auch nicht viel aufs Äußere gab, Sokrates hatte ihn.

Ich vergaß noch zu sagen, daß ich dem Mädchen, als es losprustete, einen mildverweisenden Blick zugeworfen hatte. Denn auch ich bin komisch.

Oskar Maria Graf

Mit der Straßenbahn zum Arbeiterfest

Schon seit einer langen Reihe von Jahren war es üblich, daß Partei und Gewerkschaften am ersten schönen Mai-Sonntag in einer ungefähr eine Gehstunde von der östlichen Stadtgrenze entfernten umfänglichen Bräuwirtschaft mit riesigem Biergarten ein großes Arbeiterfest abhielten. Die Landschaft rundherum war leicht gehügelt. Dünner, frischblättriger Laubwald umsäumte die zartsprossenden Wiesenhänge, und in der Ferne zackten die blauen Berge in den heiteren Himmel. Drunten in der Mulde wurde der breite Arm des Flusses sichtbar, darüber spreizte sich eine eiserne Brücke, Hausdächer lugten aus dem Grün, und das angerußte, kahle Stationsgebäude der Lokalbahn lag dort. Die silbrig-glitzernden Schienen verliefen um die Flußbiegung, und daneben her, auf der dunkel-asphaltierten Staatsstraße, flitzten die Autos der vornehmen Ausflügler.

Auch diesmal leerten sich schon in der Frühe die Mietskasernen, in welchen die Arbeiter wohnten. Rudelweise und lustig lärmend sammelten sich »Sozialistische Arbeiterjugend« und »Rote Falken« in ihren blauen Blusen mit den roten Selbstbindern, formierten sich und marschierten singend aus der Stadt. Dreieckige rote oder schwarzrotgoldene Wimpel ragten aus der Schar. Niemand trug eine Kopfbedeckung. Braune, gesunde Gesichter und muskulöse Gestalten, rund aufgeblühte Mädchen mit nackten Armen und Beinen, die in gerollten Söckchen und derben Schuhen steckten, gingen neben ausgezehrten, blassen, abgehärmten jungen Menschen mit spindeldürren Gliedern. Das Schuhwerk klapperte auf dem Pflaster, und die Stimmen stiegen hell in die Luft.

Die älteren Genossen mit ihren Frauen und Kindern rotteten sich an den Haltestellen der Straßenbahnen zusammen und zwängten sich in die rasch überfüllten Wagen. Erschreckt plärrten die Kleinen auf, aber alles lachte. Immer noch drückten sich neue Passanten in den berstend besetzten Wagen. Alles war sonntäglich beisammen, selbst das grämlichste Gesicht war fröhlich oder wenigstens zufrieden. Die Männer machten Späße, und die Frauen trugen dickgefüllte Taschen und Netze voller Lebensmittel, mit denen sie im Gedränge nicht aus und ein wußten. Die reinste Wallfahrt war's.

In der Zeitung *Vorort und Siedlung*, 7. Februar 1925

»Ein weiterer Einspruch!«

Zu einer einmütigen Protestkundgebung gegen die Errichtung des Straßenbahnhofs an der Wiener und Kirchenstraße gestaltete sich eine Mitglieder-Versammlung, die von der Bürgervereinigung Althaidhausen einberufen worden war. Der 1. Vor-

Trambahnen an den Haltestellen am Stachus-Kiosk

sitzende der Vereinigung, Bäckermeister Bertl, berichtete über die in dieser Sache gemeinschaftlich mit der Delegierten-Vereinigung für den Münchner Osten unternommenen Schritte, die sich alle einmütig gegen das Projekt richteten.

Leider sei der Plan aber schon so weit gediehen, daß Haidhausen wahrscheinlich den Straßenbahnhof in Kauf nehmen müsse. Ein Sturm berechtigter Entrüstung brach daraufhin los. und wollte sich trotz der Mitteilung Bertis nicht legen, daß ihm hinsichtlich der Bebauung der Grube und Schwaige erfreuliche Zusicherungen gemacht worden seien.

Eine Reihe von Rednern gab in derben Worten und oft in recht charakteristischer Weise ihrer Entrüstung über die neuerliche Zumutung und über die geplante Verschandelung eines ganzen Stadtteils Ausdruck, für den die frühere Stadtverwaltung schon nichts als eine stiefmütterliche Behandlung übrig hatte ... Man sei gewitzigt und habe es satt, immer und immer wieder mit Projekten bedacht zu werden, gegen deren Errichtung sich andere Stadtteile bestens bedanken würden. Schließlich wurde eine Kommission gewählt, ... die den Stadtrat und den Werkausschuß über die wahre Stimmung in Haidhausen unterrichten und energischen Protest gegen das Unternehmen einlegen soll. Auch gegen die durch eiligen Beginn der Bauarbeiten beabsichtigte Überrumpelung soll energisch protestiert werden. Erst in später Nachtstunde fand die anregend verlaufene Versammlung ihr Ende.

Jean Giraudoux

Wiedersehen mit München

Es war erst sieben Uhr. Ich nahm die Straßenbahn nach München, nach München, das ich vor fünfzehn Jahren verlassen hatte, um in Paris den ersten Preis des Konkurs in Empfang zu nehmen.

München lag unter dem Schnee verborgen, und es war dunkel. Doch ich erkannte es, unsichtbar, geruchlos und stumm, an jenen Zeichen, die für die Städte merkwürdiger sind, als ihre Hauptstraße, ihre Bavaria oder ihre Feuerwehr: an der Art, wie die Straßenbahnschaffner ihren Speichel verwenden, um die Fahrscheine zu verteilen, oder wie sie verhindern, daß der Handgriff der Klingelleine an die Stirne der Fahrgäste stößt, an der Marke auf der Plattform, an der die Kinder gemessen werden – wenn sie größer sind, müssen sie den vollen Fahrpreis bezahlen, – an einem bestimmten Wechsel der Fahrgäste: jeder Platz, den ein Arbeiter verließ, wurde zu dieser Stunde und auf dieser Strecke von warm vermummten Frauen wieder eingenommen, die die Sängerinnen des Hoftheaters waren, von kleinen Kindern, die sich nach dem Maß streckten, um sich die Gunst des vollen Fahrpreises zu verdienen, und die vom Chor waren, und von zwei oder drei anderen Fahrgästen, die ein Uneingeweihter ohne bezeichnendes Merkmal gefunden hätte, deren Anblick es mir jedoch erlaubte, zu erkennen, ob man die Meistersinger oder Carmen spielte. Heute waren es keine Kinder ... Große Damen mit starkem Brustkasten, das heißt, Koloratursoprane, kleine dicke Männer, Tenöre also, der riesige Buckel, der am besten Italienisch sang: sicher spielte man den göttlichen Mozart. An der Endhaltestelle der Bahn, an der Haltestelle, die darüber hinaus das Ende aller Straßenbahnen und Eisenbahnen der Welt sein müßte, genau am Fuße eines Gebäudes, in dem man die Zauberflöte gab, stieg ich aus.

Als Valentin einmal in der Trambahn ausspuckte, wies ihn der Schaffner zurecht und zeigte dabei auf das Schild »Nicht in den Wagen spucken!«
»Daß i net lach!« entgegnete Valentin. »Wenn ma des ois toa müasst, was oiwei gschriebn werd! Da drobn is zum Beispiel a Schild: »Tragt Reform-Büstenhalter!« Tragn Sie vielleicht oan, Herr Schaffner?« *Johannes Ambros*

Ri-Ri (Pseudonym)

Höflichkeitsschule für Trambahnschaffner

Nach Berliner Muster »soll« auch für die Münchener Trambahnschaffner eine »Schule der Höflichkeit« eingeführt werden. Natürlich hat man darauf verzichtet, als Lehrbuch »Knigges Umgang mit Menschen« vorzuschreiben, da es

1958 ist der Stachus noch der »verkehrsreichste Platz Deutschlands«

Kondukteur in Sommerkleidung, 1882

Schaffner

sich hier ja nur um den »Umgang mit dem Publikum« handelt. Einige Lehrsätze, denen Geltung verschafft werden soll, können wir verraten:

1. Jeder Schaffner ist der Vorgesetzte seiner Fahrgäste. Wenn diese auch nicht gezwungen werden können, vor ihm stramm zu stehen, so haben sie doch wenigstens stramm zu sitzen. Der Schaffner hat, dank der neuen, längsgeteilten Wagen, Gelegenheit, Widerspenstige, die ihre Beine nicht in scharfem rechtem Winkel halten, durch Ermahnungen etwa der Art: »Mechtns Eanere Haxn net einzieagn!« zur Ordnung zu rufen, falls er es nicht vorzieht, mit hartem Dienstschritt über die ihm lästigen Füße »hinwegzugehen«. Letztes Mittel ist ein Tritt gegen die Schienbeine.

2. Damen sind, falls sie offensichtlich den besseren Ständen angehören, herzlich mit »Sö, Frau!« anzusprechen.

3. Auch bei sommerlicher Höchst-Temperatur haben sämtliche Fenster geschlossen zu bleiben. Warum auch eines öffnen? An der nächsten Station steigt dann sicher der Herr ein, dem »'s ziagt«. Und dann hat man wieder die Schererei. Herren, die derartige Wünsche haben, sind durch immer erneute Ansprache dem Gelächter des ganzen Wagens preiszugeben. Etwa in der Art: »... z'hoaß is eam ... Soll er doch Automobui fahrn, bal eam d' Trambahn net paßt ... Moanat er, i bin eam sei Hanswurscht ...? Er fahrt zehn Minutn in der Trambahn und i ... i muaß an ganzn Tag herin sein. Aber so san die

Trambahnstation am Ostbahnhof vor dem Ersten Weltkrieg

Leit: Nix wie Ansprüch macha s', die Bagasch, die …«

4. Gibt der Fahrgast versehentlich einen Zweiring für ein Zehnerl, dann hat der Schaffner die Arme in die Seiten zu stemmen und den Delinquenten ernst zu mustern: »Ja, was wär denn nacha des … Habn's Eahna g'irrt? Ssso? Ja, des kennt ma schon! Soll vielleicht ich draufzahln? Ma sollt solchene Leut glei dem nächsten Schutzmann ozeign. Naa, was die Leut heutzutag' alles probiern …?!«

»Stationshaus« am Bahnhofplatz, 1929

Auch die Tram hält während des Glockenspiels am Marienplatz

Josef Benno Sailer

Budenreihe am Trambahngleis

Energisch »haut« der Wagenführer die Kurbel herum und bremst, daß der Wagen mit einem hörbaren Ruck hält und die Fahrgäste durcheinander geworfen werden wie Zwischendeckspassagiere eines Auswandererschiffes im Sturm. »Hofbräuhauskeller, Haidhauser Dult!« ruft der Schaffner und alles möchte aussteigen. Vorerst bleibt es aber beim guten Willen, denn links will eben der andere Wagen wegfahren, rechts tangiert ein Sandwagen den Motorwagen, die Fahrgäste des Anhängerwagens mit Flugsand überschüttend. Bis die Gefahr vorüber ist, können die Passagiere den Versuch machen, das von der Dult herüberdringende Geräusch auf seine Entstehungsursachen hin zu prüfen. Zunächst wird jeder den ewigen Kreislauf der Karussells zweifellos an den markanten Begleitklängen feststellen können, in die sich die Glocken- und Tantamschläge der Reklamemacher der Musen, das Ausrufen der sich bietenden Genüsse mischt.

So dicht von Fieranten besetzt, daß der Verkehr dort fast unmöglich wird, ist der dreieckige Platz vor dem Hofbräuhauskeller. Meist sind es Artikel der Münchner Nahrungsmittelbranche, Brezen, Weckerl, Radi, Käse und dergleichen mehr, geeignet, auf die Geschmacks- und Geruchsnerven der Besucher des Hofbräuhauskellers einzuwirken. Ein Steckerlfischbändiger hat sich sogar einen fahrbaren Bratofen konstruiert, um dem Verdienst »nachfahren« zu können. Der Glückshafen zum Besten der Armen mahnt den frommen Zecher, auch anderer zu gedenken, denen es nicht gegönnt ist, im kühlen Kastanienschatten des Hofbräuhauskellers bei einer frischen Maß sich von den Strapazen des Dultbesuches zu erholen. Gerne opfert da mancher einige Markl in der unausgesprochenen Hoffnung auf den Gewinn eines Regulators. Nicht selten wird diese Glaubensfestigkeit mit einem Hosenträger oder einem Karton Seife belohnt. (...)

Schon der vordere Teil des für die Haidhauser Dult in Anspruch genommenen Platzes zeigt seit dem Vorjahre ein verändertes Bild. Neben dem Hofbräukeller steht bereits ein vierstöckiger Neubau, ein anderer strebt aus dem Garten des Großen Wirtes empor. Zum eigentlichen Dultplatz, dem Johannisplatz, sind zwei breite Zufahrten geschaffen worden durch genügende Erweiterung der Kirchen- und der Metzgerstraße, die vordem arge Verkehrshindernisse bildeten. An ersterer Stelle sind drei neue Anwesen, wovon zwei Gasthäuser, entstanden, an letzterer ist ein Restaurationsneubau bereits bis zum ersten Stocke gediehen.

Die Pflasterung irgend einer Stelle wird immer wegen des voraussichtlich sich ungemein steigern den Verkehrs bis zum Beginn der Dult verschoben; direkt neben dem Kasperltheater werden dann zwei Teerkessel postiert, deren Dämpfe dem armen Kasperl mitunter minutenlang den Stimmstock verschleiern und ihn arg in Ausübung seiner Kunst beeinflussen. Zum Glück ist aber laut Anschlag der Kasperl in Berlin und Keferloh, Wien und Solln, Feldmoching und München so beliebt, daß trotz der Räucherung sein Publikum stets vollzählig da ist, wenn er seine dreimalige Präsenzfrage: »Buam, seid's alle da?« stellt. Zudem hat sich der Kasperl für die Sitzplätze ein Schutzdach und für die Bühne einen neuen Hintergrund voll drastischer Perspektive geleistet.

Die alte Endhaltestelle Steinhausen. Links das alte Zollhaus, 15.10.1928

Direkt vor der Kirche hat sich eine ganze Batterie von Händlern mit Gefrorenem postiert, die ihre Ware fünferlweise abgeben. Einen wenig empfehlenden Eindruck auf die Güte der Waren macht es, daß sie sowohl, wie die zahlreichen Zuckerbäcker, ihre Erzeugnisse nicht selbst auch konsumieren, sondern Bier vorziehen, wie die überall verräterisch hervorgrinsenden Maßkrüge verraten. (...)

Eine Budenreihe ist so dicht am Trambahngeleise angeordnet, daß die Besucher derselben fortgesetzt zwischen den Schienen herumhupfen müssen, sofern sie nicht überfahren werden wollen. Entschädigung soll den Budenbesitzern dadurch geboten sein, daß sie ihre Waren den Fahrgästen direkt durch die Waggonfenster offerieren dürfen.

Damit ist auch für Volksbelustigung gesorgt, die der Dult einen notwendigen frischen Zug verleiht.

»Elektrische« vor dem Müller'schen Volksbad in Haidhausen, Postkarte 1912

Die Nazis kommen

»Was hat die Münchner Tram mit den Nazis gemeinsam?«
Antwort: »Es ist verboten mit dem Führer zu sprechen. Wer nicht hinter dem Führer steht, sitzt. Das Kleingeld ist stets bereitzuhalten. Bei besonderen Anlässen werden die alten Anhänger hervorgeholt.«

Flüsterwitz

Hermann Wilhelm

Täter unbekannt

Am 9. Juni 1921 findet im Münchner Mathäserbräu eine Veranstaltung der USPD und des Münchner Freidenkervereins »Darwin« statt. Als Redner wird auf den Plakaten der USPD-Landtagsabgeordnete Gareis angekündigt, der zum Thema »Verkirchlichung der Schule« sprechen wird. Gareis hat unter den Münchner Linken einen guten Namen und gilt als engagierter Gegner des Treibens nationaler Wehrverbände. Insbesondere die Einwohnerwehren sind Ziel seiner Kritik. Der couragierte Mann gilt unter anderem als Experte in Sachen Waffenlager und Fememorde und ist bei allen Terrororganisationen dementsprechend unbeliebt.

Nach Beendigung der Versammlung im Mathäserbräu begibt sich Gareis gegen 23 Uhr auf seinen Nachhauseweg in Richtung Schwabing. Da Gareis als prominenter Linker zu den akut gefährdeten Personen gehört, bietet sich ihm ein Parteigenosse, der Münchner Tapezierer Andreas Seraing, als Begleitung an. Gareis ist froh über diesen Schutz und so spazieren die zwei Männer zur Straßenbahnhaltestelle am Stachus.

Dort warten bereits mehrere Leute. Als endlich die Straßenbahn kommt, steigen die beiden Genossen, zwei weitere Männer sowie ein Ehepaar namens Baison zu. Ziel der kurzen Fahrt ist die Haltestelle Ungererstraße. Nur wenige Meter entfernt, in der Freystraße, befindet sich Gareis' Wohnung.

Angekommen an der Zielhaltestelle verlassen die beiden Genossen, aber auch die beiden unbekannten Männer, die Straßenbahn. Seraing begleitet den Politiker noch durch die im Dunkel liegende Freystraße bis hin zu dessen Gartentür. Man wechselt einige Worte und ist gerade dabei sich zu verabschieden, als plötzlich von hinten geschossen wird. Getroffen von 4 Schüssen aus einer »Maschinenpistole, Kaliber 7,65 Millimeter« bricht Gareis zusammen. Ein unbekannter Mann rennt an Seraing vorbei und flüchtet in Richtung Kunigundenstraße.

Seraing holt im naheliegenden Gasthaus »Zum Großen Wirt« Hilfe. Der schwerverletzte Gareis wird umgehend ins Schwabinger Krankenhaus transportiert. Trotz sofortiger Behandlung stirbt er um 3 Uhr nachts an den Folgen eines Kopfschusses.

Die Beschreibung des Täters bleibt ziemlich ungenau. Nur vage kann sich Seraing erinnern: »Der Täter war ein Mann von mittlerer Größe, trug grauen Stoffhut. dunkel braunes Sakko, Wickelgamaschen oder Touristenstrümpfe.«

Ein erster Verdächtiger kann festgenommen werden, hat aber ein Alibi und wird wenige Tage später wieder entlassen. Am 15. Juni 1921 gibt das Polizeipräsidium amtlich bekannt: »Die polizeilichen Ermittlungen über den Mord an dem Abgeordneten Gareis werden Tag und Nacht mit dem größten Eifer weitergeführt. Leider sind alle Bemühungen, eine einigermaßen zuverlässige Spur des Mörders zu finden, bis jetzt ergebnislos geblieben.«

Herbert Rosendorfer

»Eigentlich hatte Auer mit der Straßenbahn fahren wollen«

Der 24. Oktober war im Jahr 1921 ein Donnerstag. An der Ecke Kost-Tor/Maximilianstraße lungerten zwei Gestalten, eine dünne und eine dicke. Über der Straße drüben unter den Arkaden des Eingangs zum Hotel Vier Jahreszeiten stand eine

Ein nationalsozialistischer Redner am 9. November 1923 auf dem Münchner Marienplatz. Foto von Heinrich Hoffmann

Gruppe von etwa vier Leuten, die gegen 3/4 8 Uhr vom Portier verjagt wurden.

»He – ihr da! Da is' fei' kei' Unterstand!«

»Aber es regnet doch.«

»Hier ist kein Unterstand für Subjekte! Oder!«

»Ich werd' dir gleich geben Subjekte –«

Aber ein anderer pfiff leise, zischte etwas, und die vier Männer verschwanden draußen im Regen.

Kurz danach kam der sozialdemokratische Abgeordnete Erhard Auer aus den Torggelstuben, wo eine Versammlung des Fraktionsvorstandes stattgefunden hatte und ging in Richtung Maximilianstraße, überquerte den kleinen Platz mit dem Rotkäppchenbrunnen und trat auf die hell erleuchtete Straße hinaus. Den beiden Gestalten, der dünnen und der dicken, schenkte er keine Beachtung.

Eigentlich hatte Erhard Auer mit der Straßenbahn der Linie 4 zum Max-Weber-Platz fahren wollen, wo sich seine Wohnung befand. (…)

Auer wartete deswegen einige Minuten an der Haltestelle unweit der Einmündung zum Kost-Tor, da aber keine Straßenbahn kam, entschloß sich Auer – zu seinem Unglück –, trotz des Regens zu Fuß zu gehen, zwar vielleicht nicht die ganze Strecke, aber wenigstens bis zum Max-Monument. Die Sitzung hatte lang gedauert, Auer empfand es als nicht unangenehm, sich ein wenig die Füße zu vertreten. In den Anlagen vor dem

Völkerkundemuseum hörte Auer einen Schuß. Er spürte zunächst nichts und drehte sich – erschrocken – um. Ihm blitzte der Gedanke an die Ermordung Erzbergers (am 26. August des Jahres) durch den Kopf. Dann spürte er einen starken Schmerz in der Gegend der rechten Hüfte, der sich, schneller werdend, strahlenförmig auf den ganzen Körper ausdehnte. Es ging alles sehr schnell, zog sich aber im Bewußtsein Auers zu einem langen Zeitraum, ja zu einer Ewigkeit auseinander. Im Umwenden sah Auer, daß zwei Gestalten, eine dünne und eine dicke, hinter der gußeisernen runden Bedürfnisanstalt an der Ecke des Völkerkundemuseums verschwanden, sich dort offensichtlich versteckten. Außerdem nahm Auer vier Männer wahr, die quer über die Maximilianstraße und dann in die enge Kanalstraße hineinliefen. (Die Kanalstraße setzte sich damals auch nördlich der Maximilianstraße zum Armeemuseum hin fort.) Wie er hinfiel, merkte Auer nicht.

Hauptmann a.D. Hofherger

Beobachtungen beim Hitlerputsch

Ein zweiter militärisch ausgebildeter und unabhängiger Beobachter sah das Ende der Begegnung. Hauptmann a.D. Hofherger vom Bund Bayern und Reich, der früher selbst Nationalsozialist gewesen war, jetzt aber die Nationalsozialisten ablehnte, fuhr in einer Straßenbahn vorbei, als sich der Vorfall ereignete. Er war ein intelligenter und in militärischen und paramilitärischen Angelegenheiten geschulter Mann. Seine Schilderung beweist, daß es keine Verbrüderung gegeben hat, wie die Putschisten so gern behaupten wollten:

»… Beim Herankommen des Straßenbahnwagens an die Ludwigsbrücke sei gerade der Zug über die Brücke marschiert. An der Ludwigsbrücke seien außer dem Zuge noch weitere Gruppen beiseitegestanden, und zwar am östlichen Ufer. Auf Seite des Müllerbades sei cirka eine Hundertschaft Angehöriger des Bundes »Oberland«, auf der gegenüberliegenden Straßenseite cirka eine Hundertschaft Nationalsozialisten gestanden. Das Ende des Zuges sei bereits auf der Ludwigsbrücke marschiert. Unter den vorgenannten beiden Gruppen seien mehrere Landespolizeibeamte gestanden. Das Verhalten dieser Angehörigen des Kampfbundes gegen die Beamten der Polizei sei geradezu gewalttätig gewesen. Er habe vom Straßenbahnwagen, der an dieser Stelle teils angehalten habe, teils langsam gefahren sei, aus beobachtet, wie die Landespolizeibeamten entwaffnet worden seien und er habe gesehen, wie diese Beamten ihre Waffen und Seitengewehre abgeben mußten. Während dieser Entwaffnung sei eine ganze Gruppe Nationalsozialisten und Oberlandangehörige mit schußbereit gehaltenen Gewehren und Pistolen, auch mit aufgepflanztem Seitengewehr, die Mündungen auf die Beamten gerichtet um diese herumgestanden, obwohl er nicht habe beobachten können, daß die Beamten Widerstand geleistet hätten oder sich widerspenstig gezeigt hätten. Im Gegenteil hätten sich diese ruhig verhalten. Diese Kampfbundangehörigen dürften auch geladene Gewehre gehabt haben, denn er habe gesehen, daß mehrere die Sicherungsflügel erfaßt und auf die Seite gelegt haben. Tätlichkeiten gegen die Landespolizeibeamten habe er jedoch während des Vorüberfahrens nicht beobachten können …«

Der Kompaniechef Höflers, Hauptmann Salbey, war nicht in der Lage, seinem Zugführer zu Hilfe zu kommen. Ihm standen nur noch schwache Teile seiner Kompanie zur Verfügung, und zur gleichen Zeit, als ihm der Vorfall an der Brücke gemeldet wurde, hörte er, daß drei mit Nationalsozialisten besetzte Lastwagen vom Isartorplatz her auf ihn zukamen. In Wirklichkeit war das eine Abteilung der Polizeivorschule, die den Auftrag hatte, sich an der Besetzung des Bürgerbräukellers zu beteiligen. Aber als Salbey erkannte, daß jetzt die Gelegenheit zum Eingreifen gekommen sei, war diese Möglichkeit, wenn sie überhaupt bestanden hatte, schon vorüber.

Eugen Roth

Eine tobende Menge beim Hitlerprozeß

Die Einmündung der Pappenheim- in die Nymphenburger Straße ist eine Kreuzung wie tausend andere in jeder Großstadt auch; aber ich mache jedesmal, zum mindesten in Gedanken, ein Kreuz, wenn ich vorübergehe.

Im Jahre vierundzwanzig war, an einem Apriltag, soeben in der nahen Infanterieschule der Hitlerprozeß zu Ende gegangen; ich hatte als Berichterstatter daran teilgenommen und kam gerade vom Marsfeld, als die berittene Polizei mit langen Peitschen die Demonstranten auseinander trieb, die hier die Sperre durchbrechen wollten. Die Menge war rasend vor Wut.

Ich blieb in einiger Entfernung von den tobenden Anhängern Hitlers stehen und wartete auf die Straßenbahn, so still und unbemerkt wie möglich; denn ich wollte mich um keinen Preis auf das hitzige Gezänk einlassen, das wie Stichflammen aus der dumpf wogenden Masse schlug; oft genug war ich in all den Jahren Augenzeuge gewesen, wie ein einziges unbedachtes oder auch nur wohlmeinend beruhigendes Wort mit rohestem Niederschlagen beantwortet wurde. Ich sah also, selbst unbehelligt, dem brodelnden Hexenkessel zu, diesem Wespenschwarm, der bald vor der einhauenden Polizei zurückwich, bald sich bedrohlich um Roß und Reiter ballte.

Da kam eine Bekannte des Wegs, eine ahnungslose junge Person, begrüßte mich und fragte neugierig, was da los wäre. Statt aller Aufklärung bat ich sie sofort inständig, ihres Wegs zu gehen, möglichst auf der andern Straßenseite und sich ja nicht auf Fragen oder gar Auseinandersetzungen einzulassen. Vergebens? Schon hatte sie eine Frau angesprochen, die sich sofort in eine keifende Furie verwandelte, schon traten ein paar Männer dazu, bereit, ihren Zorn am nächstbesten Opfer auszulassen; ich suchte das dumme Geschöpf wegzuzerren, ich beschwor sie, ich schrie sie an, ihren Mund zu halten – zu spät?

Das erste Schimpfwort fiel wie ein Blitz, der Donner pflanzte sich fort, eine Wolke von Pöbel umdrängte uns; die Leute weiter hinten wußten gar nicht, um was es ging, aber sie schrien, man solle die Judenbagage gleich erschlagen. Fäuste hoben sich, das unselige Wesen versuchte noch immer, zu erklären, zu beschwichtigen, die weltfremde Person ahnte nicht, in welcher Gefahr sie war, in welche scheußliche Lage sie mich gebracht hatte.

Es gelang mir wenigstens, sie in eine Einfahrt abzudrängen und damit zugleich den wütenden Haufen zu teilen; überdies wurde die Menge durch einen neuerlichen Ausfall der Berittenen zerstreut und von dem abseitigen Schauplatz unseres Unheils fortgetrieben.

Aber eine kleine, um so zornigere Schar von Hartnäckigen verfolgte uns unter wüsten Drohungen desto wilder in die Tiefe der Einfahrt hinein, die, wie ich mit Entsetzen sah, durch ein Eisengitter ausweglos versperrt war. Ich gab, also umstellt, nichts mehr für meine gesunden Glieder, ja, für mein Leben, zumal der Anführer der Rotte, ein roher, haßerfüllter Bursche, an mich, der ich das Mädchen mit meinem Leibe zu decken suchte, mit einem höhnischen Grinsen dicht herantrat, die Fäuste zum Hiebe geballt. Ich wußte, wenn er mich nur einmal traf oder gar zu Fall brachte, war ich verloren, ein Dutzend Schläge und Fußtritte würden folgen und Blut würde fließen, ehe die Rasenden ihre Wut an mir gekühlt hätten. Langsam wich ich zurück, eine innere Stimme warnte mich, mich zu ducken oder gar die Arme schützend vor das Gesicht zu halten; gewiß nicht furchtlos, denn ich bebte an allen Gliedern, aber starr blickt ich dem Kerl in die Augen, des Schlages gewärtig.

In diesem Augenblick schwoll draußen der Lärm zu einem tosenden Gebrüll an, die Meute, von der verstärkten Polizei zurückgetrieben, überschwemmte die Nymphenburger Straße. Der Rohling, dessen Gefolge bereits in den Sog der neueren Ereignisse geraten war, maß mich mit von Verachtung und Niedertracht schwimmenden Augen; und mit den höhnischen Worten, einen solchen Dreck rühre er gar nicht an, gab er uns halb den Weg frei.

Ich nahm das Fräulein an der Hand und, den sich Trollenden noch immer scharf beobachtend, entschlüpften wir auf die Straße, die von der tobenden Menge quoll. Aufruhr und Alltag waren, wie so oft in jener Zeit, aufs wunderlichste gemischt:

Valentins Hausarzt Dr. Feuchtwanger hatte seine Praxis im dritten Stock eines Hauses am Thierschplatz. Eines Tages kam der Komiker zu ihm und sagte:
»Schickn S' Eahna, Herr Dokta, mei Trambahn wart untn!« *Johannes Ambros*

eine Straßenbahn kam, blitzblau und friedlich, vom Stiglmaierplatz, stadtauswärts dahergeschwommen, an der dem Tumult abgelegenen Seite; hier war nur eine Bedarfshaltestelle – aber nie wieder war der Bedarf dringender gewesen. Der Schaffner, der schon abgeläutet hatte, wohl auch, um dem wilden Treiben so rasch wie möglich zu entfliehen, zog auf mein Rufen und Winken heftig die Klingel, die unbegreiflich einfältige Person wollte mir bedeuten, daß sie eigentlich in die andere Richtung, in die Stadt, wolle – jeden Augenblick konnte sich der erbitterte Schwarm wieder an uns hängen! –, ich stieß sie geradezu in den Wagen, der Schaffner half, dicht hinter meinen Fersen schlug die Tür zu, dem ersten johlenden Verfolger vor der Nase.

»Da hamm S' aber Glück g'habt!« sagte der behäbige Mann, »was is' denn da los?!« und erinnerte sich schon selber: »Jessas ja, der Hitlerprozeß!« Ich ließ mich aber auf keine langen Erörterungen ein, und, gottlob, auch meine Begleiterin war verstummt. Denn es war keineswegs ausgemacht, auf welche Seite sich die erregten Fahrgäste schlagen würden. An einer der nächsten Haltestellen stiegen wir aus und trennten uns – für immer, wie es sich seither in einem Menschenalter herausgestellt hat. Vermutlich ahnt die eiserne Jungfrau heute noch nicht, wie gefährlich jene Minuten waren, wohl die ungemütlichsten, die ich in dem gemütlichen München erlebt habe.

Es erschien uns manchmal wie ein Wunder, daß es doch noch Frühling wurde. Der Frühling kam und brachte Blumen in die entleerte und rationierte Welt, er brachte Hoffnung, und die Kinder auf den Straßen spielten ihre uralten merkwürdigen Spiele. Und in der Straßenbahn Münchens sangen ein paar Kinder unbekümmert: »Es geht alles vorüber, es geht alles vorbei – auch Adolf Hitler und seine Partei.«

Inge Scholl, Die weiße Rose

Oskar Maria Graf

»Im Knopfloch das Abzeichen der Nationalsozialisten«

»Dir will doch kein Mensch was … Nie kann dir was passieren.« Kleingläubig nickte Hochegger. Unerleichtert verließ er das Parteihaus. Verwirrt und planlos ging er durch die Straßen. Das Leben lief wie immer an ihm vorüber. Die Straßenbahnen fuhren, die Menschen hasteten beschäftigt dahin, die Autos hupten, die Schutzleute ordneten den Verkehr, und in die Warenhäuser strömten die Leute. Er sah alles und sah es nicht. Es brach in seine verstörten Blicke, es zerrann zu einem Eindruck und verschwamm als undeutliches Gemeng.

Bedrückt dachte er immer nur nach einer Richtung: Hm, ich steck nicht drin? Mir will kein Mensch was? wiederholte er fortgesetzt im stillen und wurde fast ärgerlich über Gleiber. Hat man mich nicht extra rausgestellt bei der Wahl? Hab ich mich nicht zu allem Unglück noch bemerkbar machen müssen durch die Versammlungen? Er hatte das dumpfe Gefühl, als kröchen tausendfache unsichtbare Gefahren heran, als schlösse sich

Naziwerbung zur Volksabstimmung im April 1934

ein Ring um ihn und sein Leben und würde immer enger.

Ungefähr eine Woche darauf, an einem trüben Herbstabend, fuhr er mit der Trambahn in die innere Stadt hinein und sah Albert mit einem gleichaltrigen Menschen im Wagen sitzen. Er wollte wegschauen, aber sein Jüngster sah ihn ohne Scheu an und lächelte schadenfroh. Grüßend nickte er. Hochegger entdeckte auf einmal in seinem Knopfloch das Abzeichen der Nationalsozialisten und stutzte. Er maß mit unsicherer Geschwindigkeit Alberts Begleiter. Dunkel erinnerte er sich an dieses verwichtigte Gesicht. Irgendwo mußte er es schon gesehen haben. Er dachte nach, aber es fiel ihm nicht ein. Auch dieser Bursch in strammer Haltung trug das Abzeichen. Hie und da sprach er mit Albert etliche Worte. Hochegger spürte, sie unterhielten sich über ihn. Sie schielten manchmal schnell und hämisch auf ihn.

Unbemerkt stieg Hochegger an der nächsten Haltestelle aus und ging rasch weiter. Am liebsten wäre er gelaufen. Plötzlich hörte er ebenso schnelle Schritte hinter sich. Unheimlich wurde ihm zu Mute. Er wollte laufen, aber seine Füße waren bleiern schwer. Da faßte ihn Albert respektlos dreist an der Schulter. Zuckend drehte er sich um. Die beiden Männer mußten lächeln. Zerfahren starrte er auf sie. »Wa-as ist's?« brachte er gerade noch heraus.

»Nichts, gar nichts!« erwiderte Albert keck und deutete auf sein Abzeichen. »Na, bist du jetzt im Bild mit mir, ja? Kannst zufrieden sein, mir geht's ausgezeichnet … Ich wollt dir eigentlich bloß meinen Freund vorstellen – bitte, Scharführer Mantler – mein Vater.« Der junge Herr nahm unwillkürlich eine stramme Haltung an. Hochegger dagegen wurde nur noch verdatterter.

»A-albert? Albert?« hauchte er erschüttert heraus. Flehend war sein Blick.

»Na, was denn? Was denn schon?« fiel Albert ein. »Ich weiß genau, was ich tu … Diese idiotischen Kommunisten sind nichts als Maulaufreißer … Ein junger Mensch will für was kämpfen! Das kann ich jetzt.« Zweideutig verzog er seine Mundwinkel. »Kamerad Mantler ist auch sehr speziell mit Lotte … Und dich kennt er auch, das heißt …« – »Wir sind neulich mal mit'm Speisewagen von Berlin runtergefahren, Herr Hochegger«, ergänzte sein Begleiter. »Werden sich nicht mehr erinnern … Herr Gleiber saß bei Ihnen am Tisch … Übrigens wohnen wir ja in der gleichen Straße … Ich seh Sie oft.« Leicht angeschärft klang das. Der Blick dieses Herrn hatte etwas von dem eines Kriminalbeamten. Hochegger erinnerte sich: Ja, ich hab ihn sicher schon oft gesehen … Hm, überall lauern sie … Und in meiner Näh wohnt er auch noch!

»Tja, sei froh, um mich brauchst du dich nicht mehr kümmern … Wir wollten dir eigentlich bloß Grüß Gott sagen oder – Heil Hitler! Auf Wiedersehn!«

Oliver Hassencamp

»Die Gestapo ist da!«

Ich war damals Oberfunker in der Münchner Nachrichtenkaserne und besuchte an den Wochenenden regelmäßig mit Freunden, die noch nicht eingezogen worden waren, Papa Steinicke, ein Schwabinger Lokal nahe beim Siegestor. Es gab

Ehrung eines Straßenbahnangestellten 1937/38 im Direktionsgebäude an der heutigen Einsteinstraße

dort eine Bühne, und wer Lust verspürte, trat auf. Der Protagonist des Etablissements hieß Walter Hillbring, Kabarettist und Schwabinger Original mit Picassoschädel, stets in elegantem Doppelreiher. Er rezitierte vorzugsweise Ringelnatz, sein baltischer Akzent war unüberhörbar. Unter anderen machte auch ich mit Lust und Akkordeon erste öffentliche Gehversuche als Artist. Meine Jazzparodien fanden ermutigenden Beifall und konnten, falls sich je ein Nazi in das Lokal verirren sollte, gerade noch toleriert werden. Parodie besagt ja, daß man sich angeblich lustig macht. Tatsächlich jazzelte ich, und das in Uniform. Die trug ich auch in jener langen Nacht, als mich, Stunden nach meinem Auftritt, Freunde baten, zum Ausklang noch einmal die geliebte verbotene Musik im Schafspelz der Parodie darzubieten. Am Tisch sitzend, entsprach ich ihrem Wunsch, versank mehr und mehr im Spiel. Ab und zu wurde mein englischer Gesang unterbrochen, wenn einer mich mit Alkohol neu auftankte. Ein Mädchen steckte mir eine rote Rose ins undeutsche schwarze Kraushaar, ich dankte in jiddisch: »Bei mir biste mies, du host zwei linke Fieß, bei mir biste mies wie de Welt …«

Freude macht unvorsichtig. Die Geschichte, daß da einer im grauen Rock der großdeutschen Wehrmacht jiddisch gesungen hatte, mit einer Rose im Haar, ging herum.

Am darauffolgenden Wochenende zeigten sich die Folgen bereits hundert Meter vor dem Lokal. Die Kellnerin holte mich an der Trambahnhaltestelle ab.

»Kehren's schnell um! Die Gestapo ist da. Sie haben schon g'fragt, ob der Ziehharmonikaspieler wieder kommt.«

»Gestapo?« wunderte ich mich. »Woher wissen Sie das denn?«

»Das sieht man. Am Haarschnitt und an allem. Zu dritt san's.«

Wir wußten nicht viel von der Geheimen Staatspolizei, weil man sie ja nie sah. Es hieß nur, sie hätten ihre Spitzel überall. Wahrscheinlich wurden wir bereits beobachtet. Mein Akkordeonkasten war nicht zu übersehen. Umkehr hätte uns beide in Gefahr bringen können. Ich mußte mir etwas einfallen lassen, hielt das für möglich und legte den Arm um ihre Schulter. Private Beziehung sollte verständlich machen, wieso sie mich abgeholt hatte. Im Lokal verstummten Gespräche, als wir eintraten; Blicke von Freunden schrien mich förmlich an, blitzten warnend zu den drei Fremden, deren Funktionärsausstrahlung sie noch mehr verriet als ihr Mützenhaarschnitt. Mit Blicken funkte der Oberfunker zurück: Keine Sorge, Freunde, ich weiß Bescheid!

Ich trat die Flucht nach vorn an. Zögern konnte meine Lage nur verschlechtern. Mit dem Akkordeon als Brustwehr kletterte ich laut verkündend auf die Bühne: »Und jetzt, Freunde, wie immer unsere Schnaderhüpferl-Serie!«

Die Freunde verstanden. Ein Beifallsorkan brach los, als seien meine Schnaderhüpferl der unübertroffene Höhepunkt dieser Abende. Meinen Einfall verdankte ich einer Beobachtung. Wenn einer etwas, das er gar nicht kann, so darbietet, als beherrsche er es perfekt, ist ihm Gelächter sicher. Bei mir war's,

»Erwirb die Volksgasmaske!« »Reklamewagen« der Münchner Straßenbahn

wie gelegentlich erprobt, das Jodeln, bei dem ich meine Unfähigkeit am überzeugendsten ausspielen konnte. Ich jodelte, und die Freunde retteten mich mit unmotivierten Lachsalven, wie sie bei Fernsehshows nicht aufdringlicher zugespielt werden können, ja sie griffen sich die Nazis, um mit ihnen zu schunkeln, eine Frohsinnsvariante, die es hier nie gegeben hatte.

Die drei hielten das offenbar für jene Spontaneität des heiteren Künstlervölkchens, von der sie schon gehört hatten und vergaßen darüber ihren Befehl zum Argwohn. Am Schluß schwappte Getrampel, wie schwere Brecher über die Bühne.

Ich schmeckte der täuschenden Wonne nach und hängte eine kleine, unverfängliche Jazzparodie dran, denn davon mußte ihnen ja etwas zu Ohren gekommen sein. Freunde schauten anfangs besorgt, spendeten dann aber um so zügelloser Beifall. Ich tropfte unter der Uniform, wie nach einer Äquatortaufe. Ein Gestapomann klopfte mir auf die Schultern: »Sie gehören zur Truppenbetreuung!«

Christel Leitzke

»Liebe kleine Schaffnerin ...«

Das »Dritte Reich« verfluchte ich wieder einmal, als wir umgehend nach Schulschluß Ostern 1942 zum RAD (Reichsarbeitsdienst) abkommandiert wurden, eine Schwelle, ohne deren Übersteigung es normalerweise keine Zulassung zum Studium gab. So »diente« ich ein halbes Jahr lang als »Arbeitsmaid« in Waal im schwäbischen Allgäu, erhoffte mir zum Herbst 1942 eine Rückkehr nach Hause und zum Nationaltheater, landete statt dessen jedoch beim Kriegshilfsdienst, der genau zu jenem Zeitpunkt obligatorisch für ein halbes Jahr im Anschluß an den RAD geworden war. Wir hatten die Wahl zwischen Munitionsfabrik in Augsburg und Straßenbahn in München. Keine Frage, wozu ich und meine »Clique« uns entschlossen. Wir lebten kaserniert in einem Gebäude in der Josephspitalstraße; mittags und abends standen riesige Feldkessel mit Essen in den Gängen. Trotzdem mußte man manchmal hungrig zu Bett, weil der Dienst bei der Tram länger gedauert hatte und dann alle Kessel leer

Felix Büttner, Verdunklung, Blick von der Rottawstraße zum Mariahilfplatz, 1941, Feder, Pinsel, Wasserfarben

waren. In den großen, kalten Schlafsälen mit den Doppelstockbetten, Steinböden und ein paar Holztischen im Mittelgang hausten wir zusammen mit vielen Mäusen, die auch das Frühstücksbrot und die Marmelade schätzten. Wir »Maiden« haben damals alle das Sich-Ekeln verlernt. Nur wenn es einmal in der Woche »Lunge« gab, überstiegen manche die »Hemmschwelle« nicht und ließen das undefinierbare, breiige, lauwarme Gemisch stehen. Meine Freundin und ich, nicht zimperlich, aßen – nein, fraßen –, bis es nicht mehr ging, während die anderen sich abwandten und sagten: »Pfui, ihr beiden!« Für den Dienst bei der Tram waren wir eine Zeitlang unterrichtet worden, theoretisch und auch praktisch bei Fahrten im Schulwagen; dann gab es ganz schmucke Uniformen, ein Käppi, das keine von

Bekanntmachung Nr. 115.
(Militärtarif.)

In Ergänzung der im obigen Betreff ergangenen Bekanntmachung Nr. 209 vom 25. 11. 39 wird zusammenfassend folgendes bekanntgegeben:

Zum **Militärtarif** werden folgende Personen befördert:

Angehörige der deutschen Wehrmacht sowie der SS in feldgrauer Uniform mit Ausnahme der Offiziere und im Offiziersrang stehenden Beamten.

Zivilpersonen, welche sichtbar eine **gelbe Armbinde** tragen **mit der Aufschrift „Deutsche Wehrmacht".**

Angehörige der SS in schwarzer Uniform bei Vorzeigen **eines braunen Fahrtberechtigungsausweises.**

Feldgendarmen in Uniform mit 2 Armbinden, und zwar der gelben mit dem Aufdruck „Deutsche Wehrmacht" und der grünen mit dem Aufdruck „Feldgendarmerie".

Angehörige des Reichsarbeitsdienstes in Uniform, wenn die **gelbe Armbinde mit der Aufschrift „Deutsche Wehrmacht"** sichtbar getragen wird.

Angehörige des Roten Kreuzes in Uniform (weibliche auch in Zivil) bei Vorzeigen eines **gelben Fahrtberechtigungsausweises mit dem roten Kreuz.**

München, den 27. Mai 1940.

Stadtwerke
der Hauptstadt der Bewegung München.
Verkehrsbetriebe.

»Bekanntmachung für das Personal der Städtischen Straßenbahnen Münchens – April, Mai, Juni 1940«

Bekanntmachung Nr. 126.
(Beförderung polnischer Arbeitskräfte auf den Städt. Verkehrsmitteln.)

Die in vorstehendem Betreff erlassene Bekanntmachung Nr. 71 vom 29. März 1940 wird aufgehoben.

Auf Grund einer polizeilichen Verordnung des Regierungspräsidenten in München vom 31. Mai 1940 können nunmehr die Städt. Verkehrsmittel — mit Ausnahme der Außenstrecke Großhesselohe—Grünwald — von polnischen Arbeitskräften *ohne polizeiliche Genehmigung* benützt werden.

Die Bestimmung, wonach Arbeitskräfte polnischen Volkstums, die sich seit Herbst 1939 zum vorübergehenden Arbeits-Einsatz im Reichsgebiet befinden, auf der rechten Brustseite jedes Kleidungsstückes ein mit ihrer jeweiligen Kleidung fest verbundenes (aufgenähtes) Kennzeichen — violettes „P" — stets sichtbar tragen müssen, bleibt aufrechterhalten.

München, den 25. Juni 1940.

Stadtwerke
der Hauptstadt der Bewegung München.
Verkehrsbetriebe.

»Bekanntmachung für das Personal der Städtischen Straßenbahnen Münchens – April, Mai, Juni 1940«

uns trug, und für den Winter Holzstiefel. Vor dem Bauch schleppten wir die schweren Ledertaschen mit Fahrscheinblöcken etc. und der Kleingeldkasse. Wir »Maiden« durften zwar nicht für den Spätdienst eingeteilt werden, aber trotzdem war es für uns Mädchen eine anstrengende, ungewohnte Arbeit. Und doch – ich liebte diese Zeit bei der Straßenbahn (ich erlebte sie zwangsweise ja noch ein zweites Mal vom Herbst 1944 an). Nicht, weil damals das Lied aufkam: »Liebe, kleine Schaffnerin, sag', wo fährt Dein Wagerl hin?« und man sehr oft »angemacht« wurde, wie es neudeutsch heißt, freute ich mich so und schon gar nicht, weil meine Mutter in Nymphenburg bei Fliegeralarm Todesängste ausstand in der Ungewißheit, in welchem Luftschutzkeller der Riesenstadt das Töchterlein wohl hocken mochte. Nein, es war die Kameradschaftlichkeit zwischen »echten« Trambahnern und uns. Wir waren (später 1944 *noch* mehr) ein verschworenes Team. Als Beiwagenschaffnerin galt man nicht so viel, aber wenn man dann einen Zugwagen »hatte« und damit meist auch einen »festen« Fahrer, der einen sogar mal bei Endstationschleifen selber fahren ließ, ja, dann war man voll integriert in diese nette »Zunft«. Mein Gott, wie oft sprang das berühmte »Stangerl« oben aus der Drahtleitung; man drückt und quälte sich zwischen dichtgedrängten Menschenleibern hindurch zum Ausstieg, preßte sein Geldtaschen an den Bauch, sprang hinaus und – brachte das Stangerl nicht hinein. Geduldig wartete der volle Wagen, nichts ging – bis »mein« Fahrer kam, mit einem Griff das Stangerl »drin« hatte und gutmütig brummte: »Christianerl, du kapierst es nie!« Ich war vom Oktober 1942 bis März 1943 dem »Bahnhof« in der Ungerer-Soxhlet-Straße zugeteilt und befuhr mit »meinen« Linien häufig die Strecke von Freimann durch die Ungerer-, Leopold- und Ludwigstraße und weiter über den Marienplatz. Am seltsamsten waren diese Fahrten an einem Februartag 1943. Im Bereich der Uni stimmte etwas nicht. Es lag etwas in der Luft, etwas Schlimmes, ungreifbar, aber es war da. Erst später wußten wir: die Geschwister Scholl waren bei einer Anti-Hitler-Flugblattaktion erwischt, verhaftet und damit unausweichlich dem Tod ausgeliefert worden.

Zerstörtes Straßenbahndepot (Betriebshof 2) nach Fliegerangriffen am 19. und 20. September 1942

Die Bayerstraße nach einem Bombenangriff 1944. Foto: Sautner

Johanna Leitner

Kriegsdienstverpflichtet

Ja, und dann ist 1942 ein Aufruf vom Dr. Goebbels gekommen, Friseurinnen braucht man nicht mehr, die Leute sollen ihre Schnittlauchlocken selber machen. Ich hab' einen sehr netten Chef gehabt, ich war wie zu Hause in dem Geschäft und deshalb war ich auch momentan ganz erschrocken, wie es geheißen hat, ich muß auf's Arbeitsamt und werde kriegsdienstverpflichtet. Es hat nur zwei Möglichkeiten gegeben, entweder Straßenbahn oder Munitionsfabrik. Ich hab' mich dann für die Straßenbahn entschieden. Es sind damals sogar Fahrerinnen ausgebildet worden, ich hab' aber lieber Schaffnerin machen wollen. Unsere Ausbildung hat sechs Wochen gedauert. Drei Jahre bin ich dann Trambahnschaffnerin in München gewesen.

Man hat sich ja nicht weigern können, schon gar nicht die Ledigen. Wenn ich mich geweigert hätte, hätten sie mich erst recht in eine Munitionsfabrik gesteckt. Zwei Kolleginnen haben sich geweigert, zur Straßenbahn zu gehen, da hat es geheißen: »Na gut, dann gehen Sie in die Munitionsfabrik nach Augsburg. Da haben Sie die Fahrkarte, morgen geht Ihr Zug.« Das wäre ja eine Art Kriegsverweigerung wie bei den Soldaten gewesen.

Ich war sehr gern dabei, bei der Straßenbahn, aber im letzten Jahr war's natürlich sehr sehr schlimm. Ich bin sogar nach dem Krieg noch freiwillig bis zum Oktober gefahren. Dafür hab' ich dann immer die 19er, den »Trümmerexpreß«, bekommen Richtung Steinhausen/Pasing. Das war meine Lieblingslinie, weil das eine große Fahrt war, anders als zum Beispiel die 12er, oder die Linie 9 Richtung Westendviertel bzw. Bogenhausen.

> Valentin fuhr mit der Trambahn und ließ beim Einsteigen die Tür offen. Da rief ein Fahrgast aus dem Wageninnern: »Genga S', Herr Nachbar, macha S' doch d'Tür zua, draußn ist koit!« Valentin schloß die Tür und fragte: »Glauben S', daß draußn jetzt wärmer werd?«
>
> *Johannes Ambros*

Meine Arbeitszeit war ganz verschieden: Entweder hab' ich Frühdienst gehabt – von 5 Uhr bis um 10 Uhr –, dann Pause, und dann hab' ich wieder um 14.00 Uhr angefangen und war bis 19.00 Uhr unterwegs. Oder wenn ich Nachtdienst hatte, bin ich von 10 Uhr bis um 15.00 Uhr gefahren und dann von 18.00 Uhr bis zum letzten Wagen um 1 Uhr früh. Im Monat hab' ich 100 Mark verdient, die hab' ich zu Hause abgeben müssen. Weil ich meistens Beiwagen gefahren bin, mußte ich, wenn ich Frühdienst hatte, zum Anhängen des Beiwagens um halbfünf Uhr in das Straßenbahndepot in der Zschokkestraße nach Laim. Da bin ich so eine halbe Stunde zu Fuß gegangen, auch bei Schnee, Regen und Glatteis. Nachts ging die letzte Straßenbahn um 1 Uhr vom Stachus weg, das war der »Lumpensammler«. Mit dem mußte ich mitfahren und dann vom Depot von der Zschokkestraße wieder zu Fuß heimgehen, weil ja keine Straßenbahn mehr gefahren ist. Da bin ich um 1.00 Uhr über die Theresienwiese runter und die Westendstraße bis zur Landwehrstraße gegangen. Wenn Alarm war, dann ist es 2 Uhr, 3 Uhr in der Früh' geworden bis ich nach Hause gekommen bin, und um 5 Uhr in der Frühe mußte ich wieder fort.

Auch wenn ich lieber in meinem Beruf gearbeitet hätte, hab' ich die Arbeit bei der Straßenbahn, außer im letzten Kriegsjahr, sehr gern mögen, weil man viel unter Leuten war. Das hat mir gefallen. Furchtbar waren aber die Pfefferminzteeraucher. Weil es in den letzten Kriegsmonaten keine Zigaretten mehr gegeben hat, haben sie sich aus altem Papier und Pfefferminztee Zigaretten gedreht und die geraucht. Das hat furchtbar gestunken. Einmal hab' ich die Linie 3 zum Botanischen Garten raus gehabt. Da ist ein Kontrolleur gekommen, der ist hinten reingestiegen und vorn' wieder raus und hat gemeint: »Daß Sie nicht bewußtlos sind, das wundert mich. Da stinkt's, daß ich gleich wieder aussteigen muß, mir wird ganz schwummrig und schlecht.« Besoffene hat es nicht mehr gegeben, weil es kein Bier, keinen Schnaps oder Wein mehr gab.

Gefroren hab' ich in der Straßenbahn nicht. Wir haben einen Hosenanzug und im Winter einen warmen Mantel gehabt. Drunter hab' ich einen recht warmen Pullover getragen. Und

Hilfsbahn in der Arnulfstraße, 1945

Holzschuhe mit dicken Sohlen, da haben wir uns Zeitungspapier reingelegt, Pelzeinlagen oder so was hat es ja nicht gegeben. Ausgerechnet im Krieg waren aber die Winter am schlimmsten. Ich bin oft im meterhohen Schnee in den Dienst gestapft, da ist nichts geräumt gewesen, Schneefräsen und so was hat es gar nicht mehr gegeben. Da hat man halt hingehen müssen und fertig aus.

In den dreieinhalb Jahren, die ich bei der Straßenbahn war, ist mir nicht einmal irgend einer nachgegangen, obwohl ich immer mein Geldtascherl umhängen gehabt hab'. Ich bin spät in der Nacht bei der Verdunkelung heim samt dem Geldtaschen, und es ist mir nicht einmal einer begegnet. Und warum, weil die Todesstrafe war, und das war das Glück, sonst lebte ich heute auch nicht mehr.

(...)

Wenn ich Dienst gehabt hab', mußten bei Bombenalarm die Leute alle aus der Trambahn aussteigen und den nächsten Keller oder Bunker suchen. Aber meistens sind wir in die nicht mehr reingekommen, weil die schon alle besetzt waren, besonders die Bunker. Einmal, wir waren auf der Strecke nach Pasing, gab es einen Großangriff, und wir kamen in den Keller nicht mehr rein. Wir hörten die Leute schon brüllen und schreien, so überfüllt war er. Da haben wir uns halt unter die Trambahn gelegt, weil wir ja sonst keinen Schutz gehabt hätten.

Oft ist es vorgekommen, daß die Gleise kaputt waren. Dann haben wir halt wieder einen Tag nicht fahren können, bis sie es wieder einigermaßen gerichtet hatte und der Strom wieder ging.

Der »rasende Gauleiter«

Einmal haben wir sechs Wochen überhaupt nicht mehr fahren können, wir mußten dann in einer Bezugsscheinstelle arbeiten.

Die Kriegsgefangenen mußten meistens bei den Aufräumungsarbeiten mithelfen und die Gleise wieder richten. Wir haben aber auch Franzosen und Belgier als Trambahnfahrer gehabt. Zuerst haben wir Angst gehabt mitzufahren. Wir mußten ja mit denen ins Depot reinfahren und waren mit ihnen dort allein. Doch die waren so anständig, daß wir uns danach nicht mehr gefürchtet haben.

Zweimal war ich aber wirklich in Lebensgefahr, das war im letzten Kriegsjahr. Einmal beim Augustiner Keller, da wurde das ganze Bahnhofsviertel bombardiert. Wir kamen mit der Linie 3 die Arnulfstraße herauf und konnten gerade noch den Luftschutzkeller erreichen, da hat uns der Luftdruck der Bomben alle über die Treppe runtergeworfen; aufeinander sind wir runtergepurzelt. Das war noch ein Glück, sonst hätte es uns die Lungen zerrissen. Wir haben uns dann gewundert, nachdem schon so lange Entwarnung gewesen war, daß sie uns nicht aus dem Luftschutzkeller wieder rausgelassen haben. Inzwischen haben sie jedoch die Leichen der Kriegsgefangenen beseitigt. Kriegsgefangene haben nämlich nicht in einen Luftschutzkeller dürfen, die mußten immer am Eingang stehen bleiben. Durch diesen Luftdruck hat es denen natürlich den Kopf und Arm und alles weggerissen. Und die haben sie natürlich erst wegräumen müssen, bevor sie uns raufgelassen haben. Das waren ja nur Sekunden, dann hätte es uns genauso erwischt, wenn wir nicht die Treppe runtergefallen wären.

Das andere Mal war ich auf dem Weg zum Frühdienst um 5 Uhr morgens. Ich war ganz allein auf der Straße, und plötzlich ging ein Tiefflieger auf mich los. Ich bin sofort in den nächsten Garten rein, hab' mich unter einen Baum ganz platt hingelegt und mich nimmer gerührt. Da ist er abgehaut, der hätte mich glatt erschossen. Da hab' ich's knapp beieinander g'habt, der war schon ziemlich tief herunten. Das war ja dann noch zum Schluß das Gemeine, daß sie auch auf die einzelnen Fußgänger losgegangen sind. Die haben dann nur tütütütü gemacht und auf die Menschen geschossen.

Ja, am 29. April ist der Krieg dann vorbeigewesen. Wir haben uns natürlich köstlich gefreut und waren glückselig, das kann man sich ja vorstellen, wie es geheißen hat, die Amerikaner sind schon in Pasing. Wir haben halt vor allem gehofft, daß dann die Bombenangriffe aufhören. Zuerst haben wir fünf, sechs Tage Ruhe gehabt, konnten wieder schlafen, und plötzlich war wieder Alarm. Da haben sie dann Dachau bombardiert. Das war der letzte Alarm gewesen. Wir haben's gleich durch's Radio erfahren, daß Schluß ist. Zuerst haben wir es gar nicht glauben können, daß der Krieg schon ganz vorbei sein soll, aber es war dann das Ende.

Ich hab' in Laim draußen miterlebt, wie die Amerikaner einmarschiert sind. Ein jeder hat aufgeschnauft: »Gott sei Dank, sind wir froh, daß die da sind« und hat gleich eine weiße Fahne rausgehängt.

Vor den Amerikanern hab ich keine Angst gehabt. Es sind ja viele mit der Straßenbahn gefahren, da waren auch oft Neger dabei. Freilich, vor den Negern hat man schon Angst gehabt, das ist ja logisch, weil es geheißen hat, die bringen einen um und so weiter und so fort. Wir haben schon auch Angst gehabt, von ihnen vergewaltigt zu werden. Die haben es natürlich nicht zugegeben, die Amerikaner, daß sie das gemacht haben. Aber die waren nicht so unschuldig, wie sie sich hingestellt haben, das hat sich ja rumgesprochen. Das mit den Vergewaltigungen hat mindestens ein halbes Jahr lang gedauert.

Wenn ich heute die Nachrichten über Jugoslawien hör', tun mir die Leute wirklich leid, weil ich das gleiche Elend erlebt hab'. Vier Jahre in den Luftschutzkellern mit den Kindern, ich kann das gut mitfühlen. Ich mag es oft gar nicht mehr anschauen, weil es mich wieder an unsere Kriegszeit erinnert. Mir tun die Frauen und die Kinder leid, wenn sie flüchten müssen nur mit einer Tasche voller Habseligkeiten und müssen ihre Wohnung und alles zurücklassen. Bei uns war wenigstens die Wohnung schon kaputt, wir haben sie nicht mehr zurücklassen brauchen.

René Préuot

Der »Rasende Gauleiter«

In den »Trümmerjahren« hat man in unserem Weltteil Schwabing mancherlei gesehen und gehört. Das Hübscheste aber, das ich hörte und das fortan als hoffnungsvolles Motto über allem schwebte, war das Wort einer einfachen Frau aus dem Volke, das ich während des letzten Kriegsjahres auf der »neuzeitlichen« Kistendeckel-Straßenbahn aufschnappte. Die richtige Straßenbahn fuhr längst nicht mehr; die Leitungsdrähte hingen zerrissen herunter; die Schienen bäumten sich in die Luft. Da rumpelte denn zwischen dem Stadtinnern und unserm Schwabinger Eiland auf rasch gelegten Lurenschienen ein offenes, ungedecktes Holzbank-Bähnle hin und her. Der Volksmund nannte es den »Rasenden Gauleiter«. Die Bänke waren immer dicht besetzt, mochte Regen prasseln oder Sandsturm wehen. Als wir an der zusammengestürzten roten Backsteinmauer des Nördlichen Friedhofs vorüberfuhren, drehte die Frau das kleine Mädel, das zwischen ihren Knien stand, um und zeigte hinüber zu dem Trümmerhügel, der einmal ihr Haus gewesen war. »Schaug, Resi«, sagte sie freudestrahlenden Angesichts, »jetzt san mer wieder dahoam!«

Ja, – in Schwabing sein, das hieß nun mal daheim sein.

Nachkriegszeit

Ich saß in der Trambahn und war nackt
Und hatte schmutzige Füße.
Mein großer Zeh war giftgrün gelackt,
Der Schaffner, der sagte »Du Süße«.
Ein Fräulein nahm sich mein linkes Ohr,
Es sei nicht meins, es sei Erikas'.
Auf der Plattform sang ein Lemurenchor
»Das ist die Stimme Amerikas«.
Da füllte ich meinen Kopf mit Salz
Und preßte ihn still an die Hüfte
Und schrie: »Er sitzt ja nicht mehr auf dem Hals!«
Drauf hob ich mich in die Lüfte.

Gertraud Feinstein

»Der Tag, an dem ich meine deutsche Unschuld verlor«

Endlich kam die Straßenbahn in Sicht, keuchte schwerbeladen mit Fahrgästen heran, die Ende Mai 1945 nicht nur jeden Zentimeter des Wageninnern ausfüllten, sondern sogar wie Trauben an den Trittbrettern hingen oder zwischen den Wagen auf Puffern und schwankenden Verbindungsschläuchen saßen. Eine größere Menschenmenge, unter ihnen auch ich, hatte schon seit geraumer Zeit geduldig auf die Straßenbahn der Linie 8 gewartet, die erst seit ein paar Wochen in Betrieb war. Sie verkehrte zwischen Nicolaiplatz und Boschetsrieder Straße und verband die durch Bombenangriffe besonders zerstörten Stadtteile Schwabing und Neuhausen, um anschließend ins weniger betroffene Sendling zu fahren.

Fest hielt ich die alte, abgegriffene Schultasche unter den Arm geklemmt, die die über Monate hinweg gesammelten Zigaretten enthielt. Für unsere Familie waren sie entbehrlich, mich sollte aber ihr hoher Tauschwert einem lang gehegten Traum näher bringen: Einem selbstgestrickten Badeanzug, mit dem ich an heißen Sommertagen in der Isar schwimmen und anschließend am steinigen Ufer in der Sonne liegen wollte. Diese Vorstellung schwebte mir beim Einsteigen in die Tram vor Augen, während ich schob und geschoben wurde. Als sich die Haltestelle Rotkreuzplatz nach dem Klingelzeichen langsam entfernte, durchfuhren wir die Häuserruinen und die sich auftürmenden Schuttberge – ein alltäglicher Anblick in unserem Wohnviertel wie auch in vielen anderen Stadtteilen. Trotzdem empfand ich ein unbeschreibliches Glück, die Bombenangriffe der Jahre 1944 und 1945 und alle anderen Gefahren des Kriegs unbeschadet überstanden zu haben. Meine Eltern und beide Schwestern waren mir erhalten geblieben, nichts hatte sich, was unsere engste Familie betraf, durch den Krieg verändert.

Auf einem der Sitzplätze sah ich einen kahlgeschorenen Mann in einem grünen Buch lesen. »Wie seltsam«, dachte ich, »daß es hier einen Menschen gibt, der sich durch die Unruhe um ihn herum, durch das dauernde ›Bitte einsteigen‹, ›Bitte aussteigen‹, ›Bitte nachrücken‹ und all die Menschen im Wagen nicht von seinem Buch ablenken läßt, nicht einmal von der Zerstörung, die sich bei einem Blick durchs Fenster nach draußen bietet.« Kreisten die Gedanken dieses Mannes nicht, wie bei allen anderen, ausschließlich um die Hauptthemen Essen, Kleidung, Unterkunft? Die Befriedigung dieser lebenswichtigen Grundbedürfnisse ließ bei den meisten Menschen zum jetzigen Zeitpunkt die Beschäftigung mit geistigen Themen in den Hintergrund treten. Während ich das grüne Buch in der Hand seines Lesers unverwandt anstarrte, dachte ich gleichzeitig an meine eigenen Bücher zu Hause und an die vielen aus meines Vaters Bücherschrank, die ich seit früher Kindheit und Jugend gelesen und liebgewonnen hatte. Sie weckten meine Neugierde für fremde Länder und Menschen, sie ließen mich in eine heile Welt eintauchen oder zeigten mir die grausamen Seiten des Lebens auf. Sie waren es, die mich der Realität enthoben und in eine andere Welt entführt hatten, besonders in den Zeiten

Behelfsbahn in der Einsteinstraße (früher Äußere Wiener Straße) am 6.4.1950

des Kriegs. Ging es dem Leser des grünen Buchs ähnlich wie mir?

»Bitte nachrücken« ertönte es jetzt erneut nach dem Passieren einer weiteren Haltestelle, und diesmal kam ich nun direkt neben der Sitzbank des Lesenden zu stehen. Ich neigte meinen Kopf schräg und konnte den Titel des Buches erkennen: »Der grüne Heinrich« von Gottfried Keller. Er war es also, der das ungeteilte Interesse des Mannes in abgenutzter, blaugrauer Fliegeruniform fand. Er war wohl ein deutscher Heimkehrer aus irgendeinem Gefangenenlager, ein Mensch auf der Suche nach seiner Familie, nach seinem Haus und nach menschlicher Nähe – so ging es mir durch den Kopf. Kaum hörte ich die an mich gerichteten Worte: »Setzen Sie sich bitte, Fräulein!«, während eine dünne Hand auf den freien Platz neben ihm wies. Als ich zögerte, wiederholte der Mann seine Aufforderung, und diesmal gab ich der Bitte nach und setzte mich. Vorsichtig kam ein Gespräch in Gang, in dessen Verlauf ich auf die mir gestellten Fragen nur mit »ja« oder »nein« antwortete. Es stellte sich bald heraus, daß wir dasselbe Ziel hatten. So standen wir an der Endstation auf dem Gehweg, ein jeder von uns einen Zettel mit einer Adresse in der Hand, unschlüssig, in welche Richtung wir gehen sollten. Wir beschlossen, uns gegenseitig bei der Suche nach der angegebenen Straße und Hausnummer zu helfen. Zuerst sollte ich als gebürtige Münchnerin ihn, den Fremden, zu seinem Ziel führen, worauf er mich zu meiner gewünschten Adresse begleiten wollte.

Nach einigen gemeinsamen Schritten hielt der Mann plötzlich inne, wandte sich mir zu und fragte mich: »Kennen Sie einen Juden, wissen Sie, wie ein Jude aussieht?« Bestürzt und verunsichert durch diese, wie mir schien, absurde und zusammenhanglose Frage antwortete ich zaghaft: »Nein, ich kenne keinen Menschen, der Jude ist, und wüßte auch nicht, woran ich einen solchen erkennen sollte.« Während ich für mich eine Erklärung suchte, warum mir ein Fremder solche unnötigen und beunruhigenden Fragen stellte, stieg in mir eine unerklärliche Angst auf, besonders als der Mann fortfuhr: »Ich bin ein Jude, schauen Sie mich genau an, damit Sie wissen, wie ein Jude aussieht.« Ich starrte ungläubig in das Gesicht des Mannes, während sein durchdringender Blick fragend und zugleich leicht zynisch auf mich gerichtet war.

In mir stieg eine schreckliche Erinnerung aus dem Jahr 1938 auf, als ich an der Hand meiner Mutter vorsichtig über die Scherbenhaufen eingeschlagener Schaufensterscheiben stieg. SA-Männer jagten verängstigte, klagende Menschen und schrien ihnen wüste Beschimpfungen nach: »Drecksjuden, wir werden es Euch schon noch zeigen!«. Aber schon wurde diese Szene durch die Erinnerung an ein kleines, fünfjähriges Mädchen aus der Nachbarschaft weggewischt, die Freundin meiner jüngeren Schwester. Sie spielte gern mit dem blassen, ärmlich gekleideten Kind in unserer elterlichen Wohnung, doch plötzlich kam das Mädchen nicht mehr zu Besuch. Unsere Eltern erzählten, daß die kleine Edith Weinberg mit ihrer Familie weggezogen sei. Und schon stürmte die nächste Erinnerung auf mich ein, als ich an die prahlerischen Reden eines jungen Lümmels dachte, der im politischen Unterricht im Frühjahr 1944 von der Vernichtung und Ausrottung des »Staatsfeindes Nr. 1«, des »Ungeziefers« Jude tönte.

Sollte zwischen diesen, mich damals persönlich nicht betreffenden und daher verdrängten Geschehnissen und diesem Menschen hier, der behauptete. ein Jude zu sein, ein Zusammenhang bestehen? – Ganz bestimmt nicht, so hoffte ich jedenfalls; sah er doch aus wie jeder andere Mensch. Zudem trug er eine ausgemusterte deutsche Uniform und sprach ein fehler- und akzentfreies Deutsch. Was ich jedoch beim Weitergehen von dem Mann erfuhr, schockierte mich zutiefst.

Sein geordnetes und ruhig verlaufendes Leben mit Frau und Kindern, Verwandten und Bekannten in einer Kleinstadt in Litauen nahe der deutschen Grenze war durch den Beginn des Zweiten Weltkriegs jäh unterbrochen worden. Bald wurde er inhaftiert. Zusammen mit anderen Angehörigen der sogenannten gefährlichen Intelligenzia – Rechtsanwälte, Ärzte und Geschäftsmänner – war er ins Gefängnis gekommen, wo Hunger, Prügel und Beschimpfungen die Tage bestimmten. Er berichtete über zwei Jahre Ghettoleben, wo er mit seiner Frau, den Kindern und Schwiegereltern in einem Zimmer zusammengepfercht lebte. Er selbst war täglich unter Lebensgefahr unterwegs, um das Nötigste für die Familie zu beschaffen. Tag und Nacht schwebte die Angst vor Aushungerung und Liquidierung über ihnen. Letztere wurde seit 1941 systematisch durchgeführt, wobei vor allem alte, arbeitsunfähige Menschen und Kinder

Wiederherstellung der Oberleitung in der Theatinerstraße mit Blick auf die Weinstraße. Aufnahme von Walter Bernard France im Herbst 1945

betroffen waren. Er berichtete weiter über den Verlust seiner Frau, seiner Kinder und Schwiegereltern, die er eines Abends, als er von der Arbeit heimkam, nicht mehr vorfand. Sie waren mit vielen anderen Unglücklichen während des Tages zusammengetrieben und in einem nahen Wald erschossen worden.

Der Mann versuchte, seine tiefe Verzweiflung, die grenzenlose Wut und Ohnmacht seinem Schicksal gegenüber in Worte zu fassen. Er erzählte, wie er seinem damaligen Wunsch nach Rache und Tod nachgeben wollte, wie er tagelang getobt und geschrien hatte und schließlich schwer erkrankt ist. Nach seiner Genesung wurde das Ghetto aufgelöst. Mit Hunderten arbeitsfähiger, junger Männer wurde er ins KZ Stutthof bei Danzig verfrachtet, um dort beim Bau von Baracken und Zäunen mitzuarbeiten.

Im August 1944 wurden die noch gesunden Häftlinge des KZ Stutthof in einer dreitägigen Odyssee in verschlossenen Viehwaggons, ohne Verpflegung und nur mit wenig Wasser, nach Süddeutschland gebracht. Keiner von ihnen wußte, wohin die Reise führte, bis sie endlich halbverhungert im KZ Dachau ankamen. Von dort aus wurden sie in verschiedene Außenlager verteilt, z. B. nach Utting, Kaufering, Landsberg, Allach, Germering. Der Mann kam nach Utting, ein kleines Lager, wo jedoch die gleichen unmenschlichen Bedingungen herrschten wie im KZ Dachau. Er mußte zusammen mit den anderen Häftlingen in einer riesigen Zementfabrik der Firma Leonhard Moll schwere Säcke auf dem Rücken zur Kleinbahn schleppen, Gräben für Elektromasten ausheben, und das alles im Eiltempo, angetrieben von Schlägen und Flüchen, mit leerem Magen, bei Kälte und Schnee und in völlig unzureichender Kleidung. Am Morgen und spät am Abend bei der Rückkehr ins Lager mußten sie endlos auf dem Appellplatz stehen, bevor sie in ihre Erdunterkünfte abtreten durften, um dort die Wassersuppe mit einem Stück Brot hinunter zu schlingen und mit der täglichen gegenseitigen Entlausung zu beginnen.

Etwa eine Woche vor Kriegsende hörten die Häftlinge mit Zweifel und Hoffnung das Gerücht, daß die Amerikaner nicht mehr allzu fern seien. Das Lager wurde kurz darauf tatsächlich geräumt, die Gefangenen zu Fuß nach Dachau getrieben und von dort, zusammen mit anderen Überlebenden auf den sogenannten Todesmarsch in Richtung Alpen gehetzt. Nach tagelangem Marsch bei Kälte und Regen und nach Nächten in verschneiten Wäldern wurden sie schließlich von den Amerikanern gefunden und befreit.

Das Herz krampfte sich mir bei dieser unfaßbaren Geschichte zusammen. Wahrscheinlich entsprang das alles nur einem kranken Gehirn, oder ich hatte geträumt, aber der Mann hörte nicht auf zu reden. Kurz bevor wir bei seiner Adresse ankamen, verriet er mir das Ziel seiner Fahrt: Er wollte mit Hilfe gesammelter Lebensmittelmarken die verhaßte Fliegeruniform, die aus Beständen der ehemaligen SS-Junker-Schule in Bad Tölz stammte, loswerden und durch einen Zivilanzug mit Hemd und Schuhen ersetzen. Er wollte, wie er sagte, langsam wieder, und sei es auch nur äußerlich, ein Mensch werden.

Auf ein Klingelzeichen öffnete sich zaghaft eine Wohnungstür. Ein schweigsamer älterer Herr führte uns in eine bescheidene Wohnung, und bald erschien seine verhärmte Frau mit verschiedenen Kleidungsstücken ihres gefallenen Sohnes auf dem Arm. Ein kompletter Anzug samt Zubehör wurde gegen einen Packen Lebensmittelkarten ausgetauscht, und eine um ihren Sohn weinende Mutter begleitete uns zur Tür. Auch mein Tauschgeschäft verlief befriedigend, nur kam bei mir nun keine Freude mehr über die Baumwolle in meiner Ledertasche auf. Meine Gedanken waren zu sehr mit dem beschäftigt, was ich von dem Mann – gegen meinen Willen – erfahren hatte. War es wahr? War es nicht wahr? – Ich hoffte von ganzem Herzen, daß es nicht wahr sei, denn ich wollte das Gehörte so schnell wie möglich vergessen und in meine gewohnte, behütete Welt zurückkehren. Alles sollte so bleiben, wie es bisher war, außer den zerstörten Städten und dem permanenten Hunger natürlich.

»Sie schweigen, Sie glauben mir meine Geschichte nicht«, hub der Mann von neuem an. *»Ich kann Ihnen beweisen, daß ich Sie nicht belogen habe, wenn Sie mich nachmittags in der ehemaligen Flakkaserne in Freimann besuchen. Ich erwarte Sie um drei Uhr an der Haltestelle Freimann, denn alleine werden Sie den Weg nicht finden.«*

Pro-Straßenbahn-Demonstration unter dem Motto »Die Straßenbahn löst das Verkehrsproblem«. Im Hintergrund das Müller'sche Volksbad. 24.2.1952

Kein Wort wurde weiter gesprochen, auch nicht auf der Heimfahrt mit der Tram. Ohne Abschiedsgruß stieg ich aus und eilte nach Hause. Innerlich hatte ich jedoch bereits beschlossen, nach Freimann zu fahren.

Als ich zu der genannten Uhrzeit in Freimann ankam, ahnte ich nicht, daß mit dieser Fahrt mein bisher geführtes Leben endete, und ein neuer, unbekannter Weg an der Seite dieses Mannes beginnen sollte.

Geblendet von der hellen Mittagssonne trat ich in einen völlig dunklen, breiten Gang, in dem ich nur schemenhafte Gestalten, die sich langsam bewegten oder auf dem Boden lagen, erkennen konnte, während mir ein widerlicher Fäulnisgeruch in die Nase stieg. Überlagert wurde die Szene von Schmerzens- und Klagelauten, aber auch Beschimpfungen und Verwünschungen hallten mir entgegen. Ich folgte dem Mann wie unter Hypnose eine Treppe hinauf, deren Stufen von zahlreichen elenden Gestalten besetzt waren.

Ein freundliches: »Kummt herein, Fräulein, setzt sach« (jiddisch: Setzen Sie sich!) der beiden anwesenden Frauen erleichterte mir den Eintritt in den kahlen Raum, in dem es außer vier eisernen Bettgestellen nur noch einen nackten Tisch und vier Stühle gab. Der Mann – längst hatte ich begriffen, daß er mich mit seiner erschütternden Geschichte nicht belogen hatte – stellte sich nun selbst und seine beiden Cousinen namentlich vor. Das bewog mich, auch mich selbst vorzustellen. Sie fragten mich, wo ich die Kriegsjahre verlebt hätte und ob ich wüßte, was im KZ Dachau und in vielen anderen Lagern geschehen sei. Mein »Nein«, obwohl ehrlich, klang ziemlich kläglich. Ein Gefühl des Selbstzweifels begann von mir

Besitz zu ergreifen. Wußte ich wirklich nichts? – Eine Erinnerung drang an die Oberfläche meines Bewußtseins. Ich dachte an die fröhlichen, unbeschwerten Radtouren mit meiner älteren Schwester hinaus ins idyllische Dachauer-Land. Nach einem erfrischenden Bad in der Amper erklommen wir den Schloßberg, hielten uns im Park auf und zeichneten das Schloß. Getrübt wurde dieses Vergnügen nur bei der Hin- und Rückfahrt, die entlang eines hohen Stacheldrahtzaunes verlief. Hinter dem Zaun sahen wir zwischen endlosen Barackenreihen Gestalten in gestreifter Sträflingskleidung. Was war an jenem Ort über die Jahre vor sich gegangen? Unsere Eltern, danach befragt, hatten uns eindringlich gebeten, die Nähe des Zauns zu meiden und unter keinen Umständen Kontakt zu einem Häftling aufzunehmen. Wir befolgten dieses Gebot, das uns gewiß vor etwas Schlimmem schützen sollte.

Jetzt beobachteten mich drei traurige, forschende Augenpaare, während ich langsam die mir angebotenen Butterbrote aß – eines nach dem anderen. Ich wollte nie damit aufhören, nicht nur wegen des Hungers, sondern auch um nichts sagen zu müssen. Nämlich daß wir nichts wissen wollten, von dem wir wußten, daß wir es wissen sollten. Daß wir von unseren Eltern, Lehrern und Verwandten genaue Information hätten fordern müssen, daß wir auch entgegen den Verboten die Hetzparolen in den »Stürmer«-Kästen eines Herrn Streicher gegen den »Staatsfeind Nr. 1, die Juden« hätten lesen sollen, um ihre Unwahrheit zu erkennen. Noch kannte ich weder Einzelheiten noch das Ausmaß der Verbrechen, die Deutschland und seiner Ex-Führung zur Last gelegt werden sollten. Der einst vielbewunderte, geliebte, aber auch gehaßte »Führer« hatte Millionen Menschen um ihr Leben betrogen; der »Führer«, dem ich in Kindertagen auf Geheiß der Großmutter auf dem Obersalzberg ein Gedichtchen aufsagte, während er mir liebevoll seine Hand auf den Kopf legte. Das Gedicht lautete:

»Ich bin ein deutsches Mädchen,
Will werden deutsche Frau,
Weil ich auf Adolf Hitler
Und auf sein Werk vertrau'.

Darf grüßen heut' den Führer,
Der Deutschland neu erschuf,
Darf ihm auch Blumen bringen
Und folgen seinem Ruf.

Will jeden Abend beten,
Daß Gott ihn lang' erhält,
Und unser liebes Deutschland,
Über alles in der Welt.«

Nein, seit heute, seit diesem schicksalhaften Tag, stimmte das nicht mehr. Tränen der Wut und der Scham stiegen in mir hoch: Wut, weil ich meines, wie ich geglaubt hatte, ehrenhaften Vaterlands beraubt worden war, Scham vor den Menschen, denen durch mein Vaterland so unbeschreibliches Leid und Unrecht angetan worden war. Es waren Menschen, deren Gast ich trotz aller Geschehnisse sein durfte und die ich bis zu ihrem Lebensende auf einem steinigen Weg begleiten sollte. Denn nach Jahren der Bekanntschaft wurde ich die Frau des Mannes, den ich einst auf einer Straßenbahnfahrt vertieft in seinem Buch »Der grüne Heinrich« lesen sah.

Ursula Herking

Mit einer Sitzbadewanne in der Straßenbahn

Wir Mitbewohner hatten inzwischen gelernt, uns um die Glaskugel herumzuschlängeln; so konnten wir ab und zu wenigstens im kalten Wasser baden. Das soll ja sehr gesund sein.

Eines Tages aber sagte Hilli: »Du, meine Eltern haben in Pullach noch eine Sitzbadewanne. Wollen wir die nicht holen?« – »Klar«, sagte ich, »wir holen die Sitzbadewanne.« Wir fuhren mit der Straßenbahn, wir stiegen dreimal um. Wir fuhren mit der Vorortbahn, wir kamen nach einem halben Tag in Pullach an.

Die Eltern waren glücklich, daß sich das ›Kind‹ mal sehen ließ und auch eine Freundin mitbrachte. Hilli verstand es sehr geschickt, das Gespräch auf Hygiene, auf Baden im allgemeinen (in Pullach gab es schon gelegentlich heißes Wasser), ja sogar auf gräßliche Hautkrankheiten als Folge zu seltenen Badens in heißem Wasser zu lenken – sie erfand geradezu haarsträubende Beispiele. Ihre Eltern drängten uns die Sitzbadewanne geradezu auf.

Karikatur 1943. Name des Zeichners nicht bekannt

Gegen fünf Uhr nachmittags zogen wir beglückt mit dem unförmigen Einrichtungsgegenstand ab. In den Vorortzug paßte sie noch hinein, obschon es leichte Komplikationen gab – ›du mußt sie mehr kippen, nicht der Breite, der Länge nach‹. Die überfüllte Straßenbahn mußten wir an uns vorbeifahren lassen. Als die Leute uns mit der Sitzbadewanne sahen, die jede von uns wie einen überdimensionalen Korb mit beiden Händen halten mußte, tippten sie sich schweigend an die Stirn. Auch der Schaffner hatte kein Mitleid. So liefen wir mit unserer Neuerwerbung von Haltestelle zu Haltestelle. Hilli, die sehr zierlich ist, sagte schon ganz entmutigt: »Wollen wir das Ding nicht einfach stehenlassen?«

»Nee«, sagte ich, »du kannst doch eine Sitzbadewanne nicht einfach auf der Straße stehenlassen, und außerdem – wie willst du denn das deinen Eltern gegenüber verantworten, die sich bestimmt nur mit Schmerzen von ihr getrennt haben?«

Also wuchteten wir weiter. Endlich. Es war so gegen neun Uhr abends, um zehn war Ausgangssperre, und hätte man uns dann erwischt, wären wir samt oder auch ohne Sitzbadewanne für die Nacht ins Kittchen gekommen, endlich also kam eine fast leere Straßenbahn. Der Schaffner war nett und half uns. Wir standen, das schwankende Hygienemöbel zwischen uns, auf dem Peron. Zehn Minuten vor zehn waren wir zu Hause angelangt, nachdem wir sie auch noch die vier Treppen hinaufgestemmt hatten.

Alle Freunde waren bereits im großen Zimmer versammelt; es war ja das einzige, das geheizt werden konnte. Nicki saß am Klavier. Neue Texte wurden besprochen. Der Einzug der Sitzbadewanne in den ›Salon‹ wurde verhältnismäßig gleichgültig aufgenommen.

Wir stellten einen Paravent vor den Kanonenofen. Wir holten einen großen, mit Wasser gefüllten Kessel und setzten ihn auf. Wir sagten: »Wenn das Wasser heiß ist, werden wir baden. Deswegen braucht ihr nicht zu gehen.« Auch das wurde mit Gleichmut hingenommen. Als das Wasser heiß war, ließ Hilli mir liebenswürdigerweise den Vortritt. Ich durfte zuerst, dann kam Hilli in meinem Wasser dran. Und während vor dem Paravent Pläne, Proben und Programme besprochen wurden und auch ich, im Gefühl blitzender Sauberkeit, meinen Senf dazugab, sang Hilli hinter dem Paravent: »Laß mich dein Badewasser schlürfen, laß mich dich abfrottieren dürfen.«

Bis dann endlich auch aus dem Hahn heißes Wasser lief und die Glaskugel aus dem Badezimmer verschwunden war, wechselten wir uns zweimal in der Woche ab. Erst sie, dann ich. Erst ich, dann sie.

Die Fünfziger und Sechziger Jahre

Gefährlich ist's den Leu zu wecken,
verderblich ist des Tigers Zahn,
jedoch der schrecklichste der Schrecken,
das ist die Münchner Straßenbahn.

Eugen Roth

Totengräber auf der Plattform

Heutzutag geht alles geschwinder, niemand hat mehr Zeit zu verlieren, außer den Toten – und die werden nicht mehr gefragt. Die Bestattungsbeamten geben sich unauffällig, Leichenwärter und Totengräber wollen sie nicht mehr heißen, selbst dem Prinzen Hamlet fiele es wohl schwer, ein tiefsinniges Gespräch mit ihnen anzufangen. Nach getanem Dienst setzen sie sich hurtig in ihren Kraftwagen, militärisch beinah und brausen davon.

Vor Jahren war das noch anders; vier Totengräber, ein bitterkalter, schneeloser Dezembertag wars obendrein, stiegen in die Straßenbahn und blieben auf der offenen Plattform stehen, Totengräber, wie sie sein müssen: wunderliche, knochige alte Männer in blaugrauen Umhängen, fröstelnd, hohläugig, einen schwankenden Nasentropfen überm Schnurrbart und dem Stoppelkinn. Stumm stehen sie da, Grabeskälte weht aus ihren Mänteln. Bei der nächsten Haltestelle will ein dicker Mann aussteigen, er versucht, seine gewaltigen, nicht mehr ganz frischen Fleischmassen vorbeizuzwängen, die Männer, obgleich bemüht, zur Seite zu rücken, stehen ihm im Wege, endlich tappt er, hochrot und laut schimpfend, übers Trittbrett hinunter: »Solche G'spenster sollt' man überhaupt net in der Trambahn fahren lassen!«

Die vier Totengräber haben kein Wort gesagt, sie haben ihn nur groß angeschaut. Aber jetzt, wie der Dicke von der Straße aus noch einmal zurückbellt, beugt sich der eine übers Gitter und sagt mit einer dumpfen, wie gefrorenen Stimme: »Reg di net auf, Manderl, du kommst uns aa net aus!«

Sind die Trittbrettfahrer schuld?

Der schwere Verkehrsunfall an der Maximilianstraße, bei dem sieben Trittbrettfahrer durch einen parkenden Lastwagen von der Straßenbahn gestreift und, nach amtlichen Angaben, drei davon getötet und vier schwer verletzt wurden, hat zu lebhaften Debatten geführt. Es fehlt nicht an vorwurfsvollen Stimmen, die dem Straßenbahnfahrer verantwortungsloses Fahren zur Last legen. Dies um so mehr, als täglich Tausende, beileibe nicht aus jugendlichem Uebermut (die drei Getöteten waren 50 bis 55 Jahre alt), sondern um einigermaßen termingemäß zu ihrer Arbeitsstätte zu gelangen, sich zur Trittbrettfahrt entschließen. Nach Aussage des Fahrers, der schon über 20 Jahre Dienst tut, stand niemand auf dem Trittbrett der Fahrerplattform, und er war deshalb der Ansicht, bei der Durchfahrt kein Menschenleben zu gefährden. Darüber hinaus wird von ihm geltend gemacht, daß er seine Aufmerksamkeit ausschließlich dem Straßenverkehr vor seinem Zug widmen muß. In dieser Auffassung wird er von der Leitung der Städtischen Verkehrsbetriebe unterstützt. „Dies soll nicht heißen, daß nicht eine menschliche Vorsicht beachtet werden muß, aber grundsätzlich trägt, nachdem auch die Polizei das Trittbrettfahren nicht verhindern konnte, eben nun der Trittbrettfahrer selbst die Verantwortung. Und daß diese Verantwortung groß ist, beweisen die 31 Menschen, die 1946 durch Trittbrettfahren getötet wurden." Mit diesen Worten skizziert uns Oberbaurat Bermüller die Situation. Die große Zahl der bedauernswerten Straßenbahnbenützer, die man nach einem bekannten, in diesem Fall unbestreitbaren Ministerwort „die Hineingepreßten" nennen könnte, wird mit Interesse die Entscheidung des Gerichtes erwarten. — Nebenbei sei noch erwähnt, daß die Tatsache, daß Gegenstände der Verletzten und Getöteten an der Unfallstelle abhanden kamen, mit einer der betrüblichsten Vorfälle war. -bl

Alois Hahn

Des Stangerls letzter Sprung

Der Stadthistoriker hat gestern wieder einen bemerkenswerten Eintrag in seine Chronik machen müssen: Am Freitag, dem 7. Januar 1955, ist das letzte Kontaktstangerl von den Triebwagen der Münchner Trambahn verschwunden. Es war fast wie bei einer Beerdigung. Der Wagen der Linie 5, der das allerletzte Stangerl trug, fuhr traurig um die Kurve bei der Heilig-Geist-Kirche, obwohl er mit lustigen Girlanden geschmückt war. Die Münchner schauten ihm wehmütig nach. Und der schneebedeckte Weiß Ferdl auf seinem Postament hätte, wenn er noch lebte, sicher das Lied vom letzten Trambahnstangerl gesungen. München

EDER
CAFE NEUMAYR
5

12
2022
Dauerwellen
Schoko Lambacher

fährt jetzt mit den neumodischen Scheren-Stromabnehmern.

Was haben die Münchner und die Fremden über das Trambahnstangerl schon gewitzelt und gemasselt! Immer dann, wenn es pressiert hat, ist das verflixte Radl garantiert in einer Kurve aus dem Draht gesprungen. Die Trambahn blieb stehen, der Schaffner sagte: »Sauglump elendigs!«, zwängte sich durch die Fahrgäste ins Freie und versuchte den Ausreißer mittels der Halteschnur wieder in den Fahrdraht hineinzubringen. Manchmal mußte er zu diesem Zweck sogar auf das Wagendach hinaufklettern. Doch das ist nun alles vorbei. Leider. Wir hätten gern noch ein bißchen weitergeschimpft.

Das Stangerl, wie überhaupt die ganze Fahroberleitung, waren, als man sie um 1895 einführte, nicht beliebt. Beides wurde als eine Verschandelung des Stadtbildes empfunden. Die Professoren Lenbach, Thiersch, Schmidt und Löfftz protestierten am 24. Januar 1898 im Namen der Münchner Künstler, Architekten und Ingenieure energisch »gegen die oberirdische Stromzuführung«. Die Strecke zwischen Schillerdenkmal und Odeonsplatz, beim Monument König Ludwigs I., mußte sogar völlig frei von Drahtgehänge bleiben. Und so beschlossen die beiden Gemeindekollegien im Juli 1889 die Beschaffung von sechs Akkumulatoren-Lokomotiven. Diese zogen dann auf der drahtlosen Strecke die Wagen mit den Fahrgästen hin und her. Die umständliche Rangiererei dauerte bis 1906.

In der Goethestraße versuchte man ganz ohne oberirdische Drahtleitung und Stangen auszukommen. Eine Privatfirma baute in der Mitte des Gleises Kontaktklötze ein. Als jedoch einmal das Pferd eines Kohlenfuhrwerkes den Kontakt berührte, durch den elektrischen Schlag zu Boden geschleudert wurde und den zweiten Gaul mitriß, der sich dabei die Wirbelsäule brach, ließen die Stadtväter die Klötze schleunigst entfernen. Draht und Stangerl blieben Sieger.

Abbildungen auf Seite 102:
Abschiedsfaht der »Stangerl-Tram« am Viktualienmarkt, Aufnahme vom 7.1.1955

Haltestelle der Linie 12 am Max-Weber-Platz, 22.12.1948

Es gibt manche Münchner, die dem Stangerl, dem »Rollenstromabnehmer«, in bajuwarischer Anhänglichkeit nachtrauern. Zuerst haben sie geschimpft, weil's da war, jetzt granteln sie, weil es nicht mehr da ist.

Erwin Tochtermann

Der tägliche Leidensweg mit der Trambahn – Reportererlebnisse während der Stoßzeit

Kein Klagelied wird in München so häufig angestimmt wie das über das städtische Massenverkehrsmittel. Daß nahezu jede Trambahnfahrt in den Hauptverkehrszeiten ein Abenteuer ist, das zumindest Nerven kostet, oft aber auch noch mit dem Verlust von Knöpfen oder mit blauen Flecken bezahlt werden muß, davon konnten wir uns in den letzten Tagen mehrfach überzeugen.

Marienplatz, 17.05. Die Straßenbahninsel an der Mariensäule ist schwarz von Menschen, die frierend in Richtung Altes Rathaus starren. Ein Zug der Linie 21 kommt, unmittelbar dahinter eine 19. Sofort hebt ein Hin- und Hergedränge an: Die einen wollen nach vorn, die anderen nach hinten, um zu »ihrer« Linie zu kommen. Man wird geschubst, gedrängt und gestoßen und hat Mühe, an Leuten vorbeizukommen, die eisern den Platz verteidigen, vor dem sich, wenn die Trambahn hält, nach ihrer Meinung die Einstiegstür befinden muß.

Dann beginnt der Kampf, der sich um diese Zeit überall in der Stadt an den Haltestellen abspielt: Dichte Menschentrauben pressen sich an den hinteren Türen zusammen, und jeder versucht unter Einsatz der letzten Reserven aufs Trittbrett zu kommen. Männer halten dabei krampfhaft die Mappe unter dem Arm fest, Frauen zerren an ihren Handtaschen, die sich irgendwo in der Menge verhängt haben, eine alte Frau steht fassungslos vor dem Ganzen und hofft, daß ihr ein günstiger Zufall zu Hilfe kommt. Als wir, gerade noch in den Triebwagen der 19 gelangt, vorbeifahren, hofft sie immer noch vergeblich. Vergeblich hoffen aber auch die, die eben noch bei Grün über die Fahrbahn geeilt sind, daß die Trambahn noch einmal hält. Der Fahrer, der sich an die vor ihm fahrende 21 angehängt hat, ist vermutlich froh, wieder eine Haltestelle hinter sich zu haben.

Eingekeilt zwischen Tür und Fahrgästen, außerstande, einen Haltegriff zu erhaschen, der bei dieser Enge aber ohnehin unnötig ist, vergehen für mich die nächsten Minuten. Akrobatische Körperverrenkungen sind vonnöten, um den Fahrschein zum Schaffner vorzureichen, der wortlos seines Amtes waltet. Da bald Autos, bald eine Ampel und von der Alten Akademie an das allgemeine Gedränge auf der Straße ein zügiges Durchkommen verhindern, geht es nur ruckweise voran. Bei jedem Anfahren bohrt sich mir das harte Paket, das mein Vordermann hält, in die Hüfte, ohne daß es dagegen Abhilfe gäbe. So bin ich froh, als endlich nach achteinhalb Minuten der Stachus erreicht ist.

Beim Aussteigen brauche ich nicht viel zu tun – ich werde einfach hinausgespült, hinein in ein Knäuel von Menschen, die nur unwillig eine schmale Gasse für die Aussteigenden frei machen, um nicht zu weit abgedrängt zu werden. Eine Frau, die hinter mir herausgepreßt wurde, schimpft, weil ihr jemand auf den Fuß getreten ist. »Müaßn s' hoit aufpassn!« ist die mürrische Antwort. Der Versuch einer Gruppe von Fahrgästen, die auf der Südseite des Stachus stehende Linie 8 im Laufschritt zu erreichen, scheitert am Gegenstrom derer, die der Mittelinsel zustreben. Als die Eilenden den Wagenzug erreicht haben, setzt er sich gerade in Bewegung. Ergeben warten die Enttäuschten mit denen, die in die überfüllte 8 nicht mehr hineingekommen sind.

Bis die nächste kommt, vergehen über sechs Minuten. In der klirrenden Kälte ist das Warten kein Vergnügen, zumal, wenn man auf etwas wartet, was erst recht keines ist. Nach vier Zügen der Linie 7, zwei der Linie 6 und einem der Linie 10 taucht endlich die nächste 8 auf.

Ganz hinten, wo das Tombolagelände aufhört, bleibt sie stehen, aufgehalten durch drei vor ihr haltenden Züge. Wieder beginnen die Leute zu rennen, aneinanderzustoßen, sich durchzudrängen. Eine Frau stößt im Eifer des Gefechts einem etwas klein geratenen Herrn den Hut herunter, der mehrere Tritte abbekommt, ehe ihn sein Besitzer wieder erhascht. Fluchend und schimpfend balgen sich die Menschen um die Einstiege aller vier Züge. Viele böse Worte richten sich vor allem dagegen, daß man in die zum Teil vergleichsweise mäßig vollen Triebwagen nur mit Sichtkarten oder Umsteigefahrscheinen einsteigen darf und sich deshalb in die hoffnungslos überfüllten Anhänger quetschen muß.

Ein ahnungsloser Zuschauer könnte bei diesem Anblick glauben, daß ein Streit unter Irren ausgebrochen sei. Dabei handelt es sich um ganz normale Zeitgenossen, die lediglich von dem Wunsch beseelt sind, nach Hause zu kommen, und deren Pech es nur ist, daß so viele andere den gleichen Wunsch haben. Und so wird geschoben, gedrückt, geboxt, gestoßen, steigt man sich auf die Füße und reißt sich Mantelknöpfe ab, läßt man sich in das wildeste Gedränge ein und nimmt es sogar in Kauf, daß einen die zugehende Tür einquetscht, auch wenn der Schaffner noch so oft »Zurücktreten!« schreit. Das edle Pflänzchen Rücksicht wird unter solchen Umständen natürlich rücksichtslos zertreten, denn anders als unter zielbewußtem Einsatz aller Kräfte muß man entweder auf das Ende der Stoßzeit oder auf den seltenen Zufall warten, daß drei Züge der gleichen Linie kurz hintereinander kommen, weil man dann hoffen kann im dritten ohne allzuviele Anstrengungen einen Stehplatz zu finden.

Erst im zweiten Anlauf gelingt es mir, mich unter die Glücklichen zu pressen, die die Trittbretthürde genommen haben. Von den neben und hinter mir Drängenden werde ich am Schaffner vorbeigeschoben, der mit der Linken den Knopf für die vordere Tür bedient und mit der Rechten, fast ohne hinzuschauen, stempelt. Eine Kontrolle ist unter solchen Umständen gar nicht mehr möglich, ebensowenig das Überprüfen der drei jungen Burschen, die sich vorne schnell hereingeschwindelt haben. Die Sorge der dichter als Ölsardinen aufeinandergepreßten Menschen ist, einen Platz für ihre Füße zu finden, auf dem nicht schon ein anderer steht, und einen Halt zu erhaschen. Nachdem beim Justizpalast noch ein paar Fahrgäste zugestiegen sind – wenn auch lange nicht alle, die herein wollten –, bleibt die Tür sowohl an der Karlstraße als auch am Karolinenplatz trotz der zahlreichen Wartenden geschlossen. Ergeben trotten die Menschen von der Fahrbahn wieder auf den Bürgersteig zurück. Erst an der Theresienstraße, wo ich aussteige, öffnet sich die Einsteigtür wieder. Es ist inzwischen 17.39 – ich habe also mit einemmal Umsteigen 34 Minuten gebraucht, um sechs Haltestellen weit zu kommen.

Unter solchen Umständen vollzieht sich täglich für Hunderttausende in München der Weg von und zur Arbeit. Am besten haben es noch die, die an der Endstation einsteigen und Aussicht auf einen Sitzplatz haben. Wer aber irgendwo unterwegs zusteigen muß – ganz gleich, ob an den Brennpunkten im Zentrum oder irgendwo unterwegs –, braucht meist schon Glück, um überhaupt in die erste Trambahn hineinzukommen. »Ich hab' jetzt schon zwei vorbeifahren lassen, weil ich das einfach nicht fertigbringe, mich da hineinzuboxen« hören wir abends um 11.30 Uhr von einem etwa 21jährigen Mädchen am Odeonsplatz, das schließlich, nachdem auch der dritte Zug überfüllt ist, ein Taxi nimmt. Ein junger Angestellter sagt an der Augusten-/Brienner Straße: »Wissen Sie, die erste Zeit war es für mich ein Sport auch in einen noch so vollen Wagen hineinzukommen, aber jetzt freu' ich mich aufs Frühjahr, wenn ich wieder radfahren kann. Das Trambahnfahren ist ja eine Tortur.«

Eine ältere Hausfrau, die bei der Auswahl der Weihnachtsgeschenke zu lange gebraucht hat und in den Stoßverkehr geraten ist, versichert, nachdem sie mit ihren Paketen eben noch vor der zugehenden Tür aus dem Wagen herausgekommen ist: »Wann i des gwußt hätt wia's da zuageht, da waar i liaba ganga!«

Auf einer Stadtratssitzung im Jahre 1950 ging es um die Frage, warum bei der Straßenbahn weibliche Schaffner nur in den Anhängern beschäftigt werden dürften. Die Direktion der städtischen Verkehrsbetriebe erklärte, eine Schaffnerin im Triebwagen sei leicht mit dem Fahrer zu freundlich. Da sagte Stadträtin Centa Hafenbrädl unter allgemeiner Heiterkeit:
»Ich stehe auf dem Standpunkt: Wenn das starke Geschlecht wirklich stark wäre, könnte das schwache Geschlecht keinen Schaden anrichten!« *Johannes Ambros*

Hans Magnus Enzensberger

An einen Mann in der Trambahn

wozu? ich mag nichts wissen von dir, mann
mit dem wasseraug, mit dem scheitel
aus fett und stroh, der aktentasche voll käse.
nein. du bist mir egal. du riechst nicht gut.
dich gibts zu oft. im treppenhaus dein blick
hinter schaltern ist überall vor den kinos,
ein spiegel, mit gieriger Seife verschmiert.
und auch du (ach nicht einmal haß!) drehst dich
zu den nußbaumkommoden fort, zu sophia loren,
gehst heim voller schweiß, voller alpen-
veilchen und windeln.

was weißt du denn,
wie die welt riecht, wie der lachs steigt
in lappland, der duft der scala,
der süße staub, mein alter lucrez
mit marginalien von der hand diderots,
die liebe in einem nachen im schilf:
vergebens zubereitet für dich, die welt:
wildnis und filigran, was rein ist, alles
umsonst und der zorn die lust und die mühsal!

und doch sehe ich im paternoster, im schau-
fenster dein gesicht, noch ist es rosig,
aber bald kommen die tränensäcke, kommt
der kalk und die rachsucht, die leber
ergraut vom schnaps und von der gewißheit
der verlornen partie. und ich sehe narben,
die du nicht siehst, ausschläge, sperma
und blut. und ich sehe den mord in deinem
aug, in der trambahn, mir gegenüber.

du nistest dich ein in meinen versen,
du schnürst durch meinen traum, und zwar
stinkst du nach kohl und feigheit und geld,
brackiger ehe, spülwasser, geilem gehorsam:
aber ich sehe zuviel, wie soll ich dich
jagen von meinem tisch? den feldstein
muß ich teilen, das gras, über mir
hängst du im schlafwagen, bewohnst
meinen nüchternen tag, meine heitere
woche.

ich weiß zuviel. ich weiß:
du wirst bald ermordet von einem
mann der dir gleicht. aber eh der tod

dich mit seiner jauche netzt, wirst du
einen mann im aufzug töten, einen wie du
in der trambahn blindlings, oder auch mich,
der ich dich nicht mag, der ich weiß,
der ich sehe deine hand schon fleckig,
dort wo deine nase wurzelt, den mord.

und so denke ich vor dem schlaf an dich
im hotelzimmer vor dem kino, und ich
sehe dich zum erstenmal das koppel
schnallen und zum erstenmal zackig
grüßen und sehe, wie du dann, wenig später,
die maschinenpistole nimmst und mit dem kolben
an meine tür schlägst, und deswegen,
und weil ich dich nicht mag, und weil
du mich überleben wirst kaum einen tag,
gedenke ich deiner, stinkender bruder.

Trambahnhaltestelle am Marienplatz

Literaturverzeichnis

Amboss, Johannes, *Münchner Anekdoten*, Verlag W. Ludwig, Pfaffenhofen 1966

Bekanntmachungen für das Personal der Städtischen Straßenbahnen Münchens – April, Mai, Juni, 29. Jg. 1940

Brachvogel, Carry, *Im weiß-blauen Land*, Verlag von Knorr & Hirth, München o. J.

Croissant-Rust, Anna, *Feierabend und andere Geschichten*, Verlag Dr. E. Albert & Co, München 1896

Enzensberger, Hans Magnus, *Verteidigung der Wölfe*, Suhrkamp Verlag, Frankfurt a.M. 1957

Erhard-Rabenau, Leo, *Ein Ersatzpferd für das Trambahn-Wagerl*, aus: Stadtteilgeschichten – Lebensgeschichten, Geschichtswettbewerb der Landeshauptstadt München 1988, Buchendorfer Verlag, München 1990

Fernstein, Gertraud, *»Der Tag, an dem ich meine deutsche Unschuld verlor«*, aus: Münchner Nachkriegsjahre, Geschichtswettbewerb der Landeshauptstadt München 1996, Buchendorfer Verlag, München 1997

Fernau, Rudolf, *Als Lied begann's*, Deutscher Taschenbuch Verlag, München 1975

Frenes Alix du, *Oktoberabend 1901*, aus: München – meine Liebe, herausg. von Fritz Fenzl, Süddeutscher Verlag, München 1988

Giraudoux, Jean, *Wiedersehen mit München*, aus Zentner Wilhelm (Hrsg.), Gastfreundliches München, Verlag Kurt Desch, München 1946

Graf, Oskar Maria, *Wir sind Gefangene*, Süddeutscher Verlag, München 1978

Graf, Oskar Maria, *Die gezählten Jahre*, Süddeutscher Verlag, München 1976

Hahn Alois, *Des Stangerls letzter Sprung*, in Süddeutsche Zeitung, 8./9. Januar 1955

Halbe, Max, *Scholle und Schicksal*, Verlag »Das Bergland-Buch«, Salzburg 1940

Hassencamp, Oliver, *Der Sieg nach dem Krieg*, F.A. Herbig Verlagsbuchhandlung, München-Berlin, o. J.

Heimpel, Hermann: *Die halbe Violine*, K.F. Koehler Verlag, Stuttgart 1949

Herking, Ursula, *Danke für die Blumen*, Wilhelm Heyne Verlag, München 1973

Hofberger (Vorname unbekannt), *Beobachtungen beim Hitlerputsch*, aus: Harold J. Gordon Jr., Hitlerputsch 1923, Bernard und Graefe Verlag, Frankfurt a. M. 1971

Hofmiller, Josef, *Revolutionstagebuch 1918/19*, Karl Rauch Verlag, München 1933

Hollweck, Ludwig (Herausg.), *Weiß-blau und heiter*, Heinrich Hugendubel Verlag, München 1974

Huch, Ricarda, *Eisners Ermordung*, aus: Gesammelte Schriften, Atlantis Verlag, Freiburg i.Br. 1964

Huch, Ricarda, *Gesammelte Schriften*, Atlantis Verlag, Freiburg i.Br. 1964

Huret, Jules, In Deutschland Teil 3: München, München o. J.

75 Jahre Münchener Straßenbahn 1876–1951, Stadtwerke-Verkehrsbetriebe, München 1951

König, Hannes, *Das »Trambahnpfeiferl«*, Valentin Museum, Gudrun Köhl, München

Kreis, Julius, *Kleine Großstadt*, Verlag Albert Langen & Georg Müller, München 1952

Kreis, Julius, *Wir Münchner*, W. Ludwig Verlag, München 1992

Kühn, August, *Zeit zum Aufstehn*, Franz Schneekluth Verlag, München 1983

Leitner, Johanna, *Kriegsdienstverpflichtet*, aus: Sybille Krafft, Zwischen den Fronten, (Interview), Herausgegeben vom Kulturreferat der LH München im Buchendorfer Verlag, München 1995

Leitzke, Christel, *»Liebe, kleine Schaffnerin …«*, aus: Jugendbilder, Geschichtswettbewerb der Landeshauptstadt München 1987, Buchendorfer Verlag, München 1989

Mann, Katia, *Meine ungeschriebenen Memoiren*, Fischer Taschenbuch Verlag, Frankfurt a.M. 1974

Niederreuther, Thomas, *Hinter dem Rücken der Bavaria*, Franz Ehrenwirth Verlag, München 1979

(Ohne Autorenangabe), *Rund um die Frauentürme*, Verlag Braun und Schneider, München 1922

Penzoldt, Ernst, *Causerien*, Suhrkamp Verlag, Frankfurt a.M. 1949

Prevot, Rene, *Kleiner Schwarm für Schwabylon*, Verlag Braun & Schneider, München 1954

Remlein, Theodor, *Lustschloß Nymphenburgs Vergangenheit und Gegenwart*, Verlag Max Kellerer, München 1884

Riess, Richard, *Das Münchner Bilderbuch*, Verlag Georg Müller, München 1919

Ri-Ri (Pseudonym), *Höflichkeitsschule für Trambahnschaffner*, aus: Der Zwieberfisch, Heft 5, 1928/29

Rosendorfer, Herbert, *Die Nacht der Amazonen*, Kiepenheuer & Witsch, Köln 1989

Roth, Eugen, *Sämtliche Werke Bd. 5*, Carl Hanser Verlag, München und Wien 1977

Sailer, Josef Benno, *München wie es ißt trinkt, wohnt und sich vergnügt*, Selbstverlag, Prinz Ludwigshöhe, München 1938

Schneider, Herbert, *Der Witz der Münchner*, Kurt Desch, München 1972

Seeberger Kurt und Rauchwetter, Gerhard, *München 1945 bis heute*, Südwest Verlag, München 1970
Stuttgardtner, Johanna, *Erinnerungen einer alten Münchnerin*, aus: Das Bayerland, 2. Oktoberheft 1927
Thoma, Ludwig, *Der Münchner im Himmel*, Deutscher Taschenbuch Verlag, München 1966, (c) 1959 R. Piper & Co Verlag
Himme/Thoma, Ludwig, *Der Postsekretär im Himmel*, R. Piper & Co Verlag, München 1954
Tochtermann, Erwin, *Der tägliche Leidensweg mit der Tram*, Süddeutsche Zeitung, 20.12.1963
Valentin, Karl, *Alles von Karl Valentin*, Piper & Co Verlag, München 1978
Vonficht, Rudolf, *»Sendlingertorplatz umsteigen!«*, aus: München – Zwanzig Jahre vorher, Drei Fichten Verlag, München 1946
Vorort und Siedlung, 7. Februar 1925
Weiss, Ferdl, *Bayerische Schmankerln*, Süddeutscher Verlag, München 1960
Wilhelm, Hermann, *Dichter, Denker, Fememörder*, Transit Verlag, Berlin 1989
Zettel, Karl, *Monacensia*, Lindauer'sche Buchhandlung, München 1895

Bildverzeichnis

Titelbild: Der Stiglmeierplatz, Gemälde von Wilhelm Heise, 1935. Münchner Stadtmuseum

Haidhausen-Museum/Städt. Verkehrsbetriebe an der Einsteinstr.: S. 8, 13, 14, 15, 17 u, 19, 21 u, 22, 23 o, 26, 27, 32, 34, 35, 36, 37, 39, 40, 41, 42, 43, 44, 45, 46, 49, 50, 51, 52, 53, 55, 56, 57, 59, 60, 62, 64, 65, 66, 68, 74, 75, 77, 78, 85, 86, 89 o, 96, 98, 102

Münchner Stadtarchiv: S. 18, 20, 25, 29, 30, 73, 91, 92, 95

Stadtmuseum: S. 12, 67, 87, 89 u

Siemens-Museum München: S. 38, 47

Archiv des Herausgebers: S. 7, 9, 10, 17 o, 21 o, 23 u, 24, 28, 33, 54, 70, 71, 76

Abendzeitung vom 13.4.1993: S. 84